2 매일 읽는 인성교양교재

쇠는 숫돌에 갈면 날카로워지고

추구(推句) · 격몽요결(擊蒙要訣)

解說 및 編譯 尙 東 圭

매일 읽는 인성교양교재 시리즈를 내면서

최근 지방의 한 도교육위원회에서 교원과 학생 2천 99명을 대상으로 인성교육의 필요성에 대한 설문조사 결과에 따르면 교사들은 93.5%가 학생들은 54.3%가 인성교육의 필요성에 대해 인식하고 있는 것으로 나타났으며, 인성교육의 장애요인으로 인성교육 참여 부족과 무관심 그리고 입시위주의 교육이 안고 있는 문제점으로 나타났다. 이같이 공교육에서 인성교육에 대해 필요성은 공감하고 있으나 각종 교육의 장애요인으로 인하여 이를 현장에 적용하지 못하고 있는 실정으로 교육 현실을 안타깝게 하고 있다.

현대화 과정에 빚어진 우리 사회의 모습은 개인주의, 물질 만능주의의 팽배와 실력 우선의 줄 세우기로 피폐해진 청소년들의 인성과 예절의 부재는 결국 각종 사회 문제의 부메랑이 되어 돌아왔다.

무너져 버린 인간성과 도덕성 회복을 위하여 학생들에게 무엇을 계획하고, 어떻게 가르쳐야 할 것인가에 대한 진지한 반성과 간절한 노력 없이 진행되고 있는 지금의 달콤한 암기위주식 교육 제도는 머지않아 크나큰 고통과 시련으로 우리 사회를 몰아갈 것이 불을 보듯 뻔한 것이다.

세계가 글로벌화 하고 있지만 이런 시대일수록 실력과 더불어 갖춰야 할 것이 인성이다. 요즘의 기업들이 인재를 채용할 때 실력과 더불어 인성과 창의력을 중시하는 경향이 높아지고 있는 것도 바로 이 때문인 것이다.

인성교육의 근본적인 바탕에는 의식의 내면화가 우선한다고 볼 수 있으며, 내면화에 의한 인성과 예절교육을 흔히 고루한 것으로 치부하기 쉽지만 간과해서는 안 될 매우 중요한 교육과정으로 생각된다.

우리 청소년들이 한문 고전을 통해 옛 성현들의 삶을 되돌아보고 음미함으로써 현대 사회가 당면하고 있는 여러 가지 문제에 대해 함께 고민하고, 해답을 찾아가며 바람직한 가치관과 인성을 형성하는데 도움이 되길 바라는 마음이 크다.

2023년 3월 2일
尙 東 主 識

추구 推句

추구(推句)에 대하여

추구(推句)는 '옮겨온 글귀'라는 뜻으로 저자는 알 수 없으며, 그 내용은 유명한 시인들의 시구(詩句)와 경서(經書) 등에서 발췌하였기에 그 출처도 다양하다. 이 책은 명사들이 즐겨 불렀던 오언절구(五言絕句) 중에서 좋은 대구(對句)들만 엄선하여 만든 조선시대의 대표적인 초학 입문 교재이다.

조선시대에는 초학자들의 학습서로 천자문(千字文)이 한자(漢字)를 익히는 데 주로 이용되었고, 『사자소학(四字小學)』은 인간의 윤리도덕(倫理道德)인 면을 강조하였으며, 『훈몽자회(訓蒙字會)』 등을 학습한 후에 기초 공부의 심화 단계에서 추구(推句)를 공부하게 하였다.

이 책은 추구(推句)의 아름다운 시구(詩句)를 익히게 함으로써 학문을 접한 사람들에게 정서함양(情緒涵養)과 사고력을 발달시키고, 시부(詩賦)의 이해와 문장력 향상에 그 목적을 두고 880자의 오언절구로 정리하여 천자문, 사자소학과 함께 가장 먼저 배운다고 해서 추구(推句)라고 부르기도 한다.

추구(推句)의 각 구절의 형식은 한시(漢詩)의 형식, 즉 출구(出句)라고 하는 첫 구와 대구(對句)라고 하는 다음 구절이 대(對)를 이루도록 구성되었으며, 오언시(五言詩)의 리듬감이 있어 외우기 쉽게 만들었으나 필사본으로만 전하고 있어서 내용이 두서가 없는 것이 아쉬움으로 남는다.

이 책에서 추구 1은 천지자연에 관한 것을 먼저 설명하고, 추구 2에서는 인간에 관한 것과 일상생활에 있어서 항상 접할 수 있는 화조월석(花朝月夕) 등을, 그리고 추구 3에서는 권학(勸學)을 강조하는 내용으로 전개하였다. 글을 싣는 순서는 한시의 해석, 원문, 독음, 출전 순으로 정리하였으며, 한시의 이해를 돕기 위하여 독자적인 해설을 덧붙여 놓았다.

추구(推句) 1

1-1

하늘이 높으니 해와 달이 밝고
땅이 두터우니 풀과 나무가 자란다
달이 나오니 하늘이 눈을 뜬 것이고
산이 높으니 땅이 머리를 든 것이네

天高日月明　　地厚草木生
천 고 일 월 명　　지 후 초 목 생
月出天開眼　　山高地擧頭
월 출 천 개 안　　산 고 지 거 두

【출전】 1구 사영운(謝靈運)의 초거군(初去郡)

이 시는 자연 현상을 표현한 것으로 하늘이 높기에 해와 달 또한 높이 떠서 천지 사방의 만물을 밝게 비추고 있음을 노래한 것이다. 땅의 지표가 두텁고 비옥하여 그 위에 자라는 온갖 풀과 나무들이 잘 자랄 수 있고, 나아가 풍성한 자연으로 인해 인간들이 혜택을 받아 살고 있음을 표현한 것이다.

또한, 밤하늘을 밝게 비추고 있는 달은 눈을 뜨고 사방을 내려다보고 있는 것이고, 우뚝 솟은 산은 마치 땅이 머리를 들고 있는 것처럼 청신한 감각으로 표현하여 독자의 마음을 이끌고 있다.

이 시의 1구는 중국(中國) 진(晉)나라 때의 시인인 사영운(謝靈運)[1] 의 초거군(初去郡)중 한 구절을 인용한 것이며, 그는 시를 통해 산수의 자연미를 그려낸 시인이기도 하다.

1–2

동쪽에서 서쪽까지는 몇 만리인가
남쪽에서 북쪽까지는 자로 잴 수가 없네
하늘은 서북쪽으로 기울어져 있고
땅은 동남쪽 낮게 기울어져 있어라

東西幾萬里　南北不能尺
동 서 기 만 리　남 북 불 능 척
天傾西北邊　地卑東南界
천 경 서 북 변　지 비 동 남 계

이 시는 동서남북의 방위를 노래한 시로 동쪽에서 서쪽까지의 거리가 너무 멀기 때문에 길이를 가늠할 수 없으며, 남쪽에서 북쪽까지의 거리 역시 자로는 잴 수 없는 아주 먼 거리임을 말하고 있다.

또한 한국의 동고서저(東高西低)의 지형이나 동쪽에서 서쪽으로 흐르는 강의 형태와는 다르게 묘사되어 있는데, 이는 중국 지형을 말하는 것으로 중국의 강은 대체로 서북쪽의 높은 고원지대에서 황하와 양자강 등이 동남쪽 바다 방향으로 흘러드는 것을 낮다고 표현한 것이다.

3구와 4구의 변(邊)과 계(界)는 '끝, 언저리'라는 같은 뜻으로, 한시에서 글자의 중복을 피하기 위해 변(邊)을 계(界)로 쓴 것이다.

---

1) 사영운(385~433) 남조(南朝) 송(宋)나라의 시인. 동진(東晉)의 명장(名將)이었던 사현(謝玄)의 손자로 세습 봉작인 강락공(康樂公)의 작위(爵位)를계승하여 사강락(謝康樂)이라고도 한다. 문제(文帝) 때에 시중(侍中)이 되었지만 참언에 걸려 사형당하였다. 중국에서 가장 많은 산수시를 지었으며, 그의 맑고 신선한 시풍(詩風)은 후대에 큰 영향을 주었다. 불교에도 조예가 깊어 『대반열반경(大般涅槃經)』 36권의 번역을 완성하기도 하였다.

1-3

봄이 오니 배꽃은 희고
여름에 이르러 나뭇잎이 푸르구나
가을이 서늘하니 노란 국화가 피어나고
겨울이 차가우니 흰 눈이 내리도다

春來梨花白　夏至樹葉靑
춘 래 이 화 백　하 지 수 엽 청
秋涼黃菊發　冬寒白雪來
추 량 황 국 발　동 한 백 설 래

위의 네 구절은 모두 사계절(四季節)의 변화와 특징을 들어 변화는 초목을 노래하고 있으며, 갖가지 색깔을 대비시켜 마치 천연색으로 그려놓은 네 폭 병풍 속을 거닐고 있는 듯한 착각마저 든다.

봄이 오면 산과 들에 피어나는 많은 꽃 중에서 눈처럼 하얀 순백의 배꽃을 봄날의 아름다운 경치로 표현하였는데, 아마도 배꽃이 지천으로 흩날리는 과수원길을 걸어본 사람이라면 그 황홀경을 이해 할 수 있으리라 생각된다.

여름철에 여러 가지 초목의 잎사귀가 푸르름을 더해가며 무성하게 자라는 것을 표현했고, 가을을 상징하는 국화꽃을 내세워 가을의 정취를 한껏 돋우고 있다. 또한 마지막 구절에서는 첫구에서 흰 배꽃이 날리듯 겨울의 아름다운 모습을 가장 잘 드러낼 수 있는 흰 눈을 등장시켜 낭만적인 겨울의 풍경을 그려내고 있다.

1-4

해와 달은 천년의 거울이요
강산은 만고의 병풍이로다
동과 서는 해와 달의 문이요
남과 북은 기러기들의 길이로구나

日月千年鏡　江山萬古屛
일 월 천 년 경　강 산 만 고 병
東西日月門　南北鴻雁路
동 서 일 월 문　남 북 홍 안 로

해와 달은 하늘에 있으면서 옛날부터 현재까지 세상을 비추고 있음을 마치 거울이 사물을 비추고 있는 것처럼 표현했다. '천년의 거울'에서 천년이란 헤아릴 수 없는 아주 오랜 세월을 나타내는 말이다.

강과 산은 변함없는 세월을 상징하면서도 삶의 터전으로 인간과 함께 생사고락을 함께하며 감싸주고 보호하는 역할을 해왔다. 또한, 그러한 강과 산을 바라보는 것이 마치 한 폭의 수묵화를 감상하는 듯한 느낌을 들게 한다.

해와 달이 뜰 때에는 동쪽에서 나와서 질 때에는 서쪽으로 들어가기 때문에 동쪽과 서쪽을 해와 달이 드나드는 대문에 비유하였다.

철따라 남쪽과 북쪽을 오가는 기러기를 보며 남쪽과 북쪽을 가리켜 기러기들이 오고 가는 길이라고 표현하였다.

해와 달 그리고 강과 산과 기러기는 옛 시인들이 즐겨 노래하던 대상이었고, 산수화에서도 자주 등장하던 친근한 소재이다.

1-5

봄의 물은 사방의 연못에 가득하고
여름의 구름엔 기이한 봉우리가 많다네
가을 달은 밝은 빛을 드러내고
겨울 산마루에 외로운 소나무가 빼어나다

春水滿四澤　夏雲多奇峯
춘 수 만 사 택　하 운 다 기 봉
秋月揚明輝　冬嶺秀孤松
추 월 양 명 휘　동 령 수 고 송

【출전】 1구 ~ 4구 도연명(陶淵明)의 사시(四時)

이 시는 도연명(陶淵明)[2] 의 『사시(四時)』라는 시이다. 만물의 소생을 알리는 눈 녹은 물과 여름의 뭉게구름, 맑은 가을 달, 겨울의 소나무를 가지고 사계절의 특징을 살려 시각적 이미지를 순차적으로 구연하며 자연을 거침없이 미끈하고 아름답게 노래하고 있다.

생명의 근원인 물이 가득한 연못은 온화하고 풍성한 기운을 감돌게 하며, 소나기가 내리기 전 여름 하늘에 뭉게 뭉게 피어오른 구름이 만들어 내는 변화무쌍하고 기기묘묘한 산의 모양은 어느 화가도 그려내지 못할 자연의 그림이다.

가을을 사랑한 묵객(墨客)의 화첩에 많이 등장하는 소재가 가을 달이 아닌가 싶다. 특히 가을에 뜨는 달빛은 더 밝고 아름답게 느껴진다. 그러므로 도연명 시인 또한 사계절의 특징을 노래하면서 달을 대표적인

---

2) 도연명(陶淵明, 365년~427년) 중국 동진 후기에서 남조 송대 초기까지 살았던 전원시인(田園詩人)이다. 호는 연명(淵明)이고, 자는 원량(元亮) 혹은 연명(淵明)이고, 본명은 도잠(陶潛)이다. 오류(五柳) 선생이라고 불리며, 시호는 정절(靖節)이다. 장시성 주장시 루산시 사람이며, 육조 시대를 통틀어 가장 위대한 시인들 중 한 명이다.

소재로 삼아 가을을 묘사하고 있으며, 겨울 산마루에 시들지 않고 고고하게 서 있는 소나무를 통해 변함없는 자신의 절개와 지조를 보여주고 있다는 느낌을 들게 한다.

1-6

해와 달은 새장 속의 새와 같고
하늘과 땅은 물 위의 부평초와 다름없네
흰 구름은 산꼭대기를 덮은 양산이고
밝은 달 물 속의 반짝이는 구슬이라네

日月籠中鳥　乾坤水上萍
일 월 롱 중 조　건 곤 수 상 평
白雲山上蓋　明月水中珠
백 운 산 상 개　명 월 수 중 주

【출전】 1구, 2구 두보(杜甫)[3] 의 형주송리대부칠장면부광주(衡州送李大夫七丈勉赴廣州)
3구, 4구는 김인후(金麟厚)[4] 의 백련초해(百聯抄解)

1구와 2구는 두보(杜甫)가 형주에서 광주자사(廣州刺史)로 부임되어 가는 이면(李勉)을 배웅하며 쓴 『형주송리대부칠장면부광주(衡州送李大夫七丈勉赴廣州)』라는 시의 일부이며, 3구와 4구는 김인후(金麟厚)의 『백련초해(百聯抄解)』의 시에서 인용하였다.

---

3) 두보(杜甫, 712~770) 중국 성당시대(盛唐時代)의 시인. 자(字) 자미(子美), 호 소릉(少陵). 중국 최고의 시인으로서 시성(詩聖)이라 불렸으며, 또 이백(李白)과 병칭하여 이두(李杜)라고 일컫는다.

4) 김인후(金麟厚, 1510년~1560년)는 조선 중기의 문신이자 성리학자이다. 본관은 울산(蔚山)이며, 자는 후지(厚之), 호는 하서(河西)·담재(湛齋), 시호는 문정(文正)이다. 문묘에 종사된 해동 18현 중의 한 사람이다.

해와 달은 정해진 공간에서 매일 같이 반복적으로 동쪽에서 떠서 서쪽으로 지는 것이 마치 새장 속에 갇힌 새가 항상 같은 장소에서만 맴도는 답답한 느낌을 은유적으로 표현했다. 이는 안록산(安祿山)의 난리 속에서 항상 피난과 가난에 지친 두보 자신의 지루하고 답답한 일상을 표현하고 있다는 느낌이다.

부평초(浮萍草)는 흔히 의지할 데가 없어 정처없이 이리저리 떠도는 신세를 비유적으로 이루는 말로 하늘과 땅이 아무리 크고 넓다 하더라도 사람의 일은 덧없고 허무할 뿐임을 나타낸 것이다.

일산(日傘)은 햇빛을 가리기 위한 양산인데, 뾰족한 산봉우리를 덮고 있는 구름의 모습을 표현한 것이며, 물속에 잠긴 달의 모습은 마치 빛나는 구슬이 되어 영롱한 빛으로 반짝인다.

추구(推句) 2

2–1

밝은 달은 우주의 등불이 되고
부는 바람은 산과 강을 북으로 만드네
달은 하늘에 걸린 자루 없는 부채가 되고
별은 끈이 끊어져 흩어진 구슬이 되었네

月爲宇宙燭　風作山河鼓
월 위 우 주 촉　풍 작 산 하 고
月爲無柄扇　星作絶纓珠
월 위 무 병 선　성 작 절 영 주

【출전】 3구, 4구는 김인후(金麟厚)의 백련초해(百聯抄解)[5]

사방이 어두움으로 뒤덮인 캄캄한 밤하늘에 떠오르는 달이나 구름사이로 살며시 얼굴을 내미는 달이 우주를 밝혀주는 등불과 같음을 시인은 노래하고 있다. 자연 속에 사는 모든 생물들의 소리는 오케스트라가 연주하는 교향곡으로 바람이 산과 강을 스치고 지나가며 내는 소리를 북소리인듯 느끼고 있다.

시인은 달을 보고 손잡이 없는 부채를 연상하였는데, 달 밝은 밤에 불어오는 바람은 하늘에 떠 있는 달이 부쳐 보내는 것이라고 느끼고 있는 것이 시인만의 참신한 발상이다.

5) 조선(朝鮮) 명종(明宗) 때, 김인후가 초학자에게 한시를 가르치기 위하여 칠언한시(七言漢詩) 가운데 연구(聯句 · 連句) 100수를 뽑아 한글로 옮겨 펴낸 책(冊)이다. 한시 원문의 각 한자마다 주석과 음이 달려 있어 한자 교본(敎本)의 성격도 띠고 있다.

밤하늘에 무질서하게 반짝이는 별들은 마치 구슬로 꿰어놓은 목걸이가 끈이 끊어져 여기저기 흩어진 구슬방울로 연상한 것은 시인만의 참신한 생각이다.

2-2

구름은 천층의 봉우리가 되고
무지개는 백 척의 다리가 되네
가을 나뭇잎은 서리 오기 전에 떨어지고
봄 꽃은 비가 내린 후에 붉어지네

雲作千層峰　虹爲百尺橋
운 작 천 층 봉　홍 위 백 척 교
秋葉霜前落　春花雨後紅
추 엽 상 전 락　춘 화 우 후 홍

뭉개뭉개 피어나 층층이 겹쳐진 구름이 시시각각으로 변하며 수많은 산봉우리를 만들어 내고 사라지고 있음을 표현하고 있다.

비가 멈추고 일곱 가지 고운 빛으로 치장한 반원형 무지개가 하늘에서 지상으로 내려와 지상과 지상을 연결하는 다리가 만들어지는데, 사람들은 이것을 홍교(虹橋-무지개 모양으로 된 다리)라고 불렀다. 시인 역시 무지개를 보고 다리를 연상하여 "백 척의 다리"라고 표현한 것이다.

사람의 인생이 그러하듯 자연도 무성하던 여름의 끝에는 초목들도 단풍으로 물들어 온 천하를 울긋불긋 아름다운 색으로 치장하는 지상에서의 마지막 만찬을 벌이게 된다. 시인은 서리 오기 전까지 낙엽이 지고 겨울이 시작된다고 생각한 것이다.

또한, 겨울의 긴 잠으로부터 새싹들이 대지와 단단한 목질을 뚫고 깨어나고, 봄에 피는 꽃은 생명력이 충만한 봄비라는 세례식를 통해 탄생을 축하받으며, 비로소 성숙해지는 종교의식을 보는 듯하고, 여름에서 봄에 이르는 계절의 변화와 아름다움을 시각적으로 표현하고 있다.

2-3

봄은 사계절의 시작이 되고
사람은 만물의 영장이 된다
수 · 화 · 목 · 금 · 토는 오행(五行)이요
인 · 의 · 예 · 지 · 신은 오상(五常)이라네

春作四時首　人爲萬物靈
춘 작 사 시 수　인 위 만 물 령
水火木金土　仁義禮智信
수 화 목 금 토　인 의 례 지 신

자연의 일부인 인간의 위치를 이해하며 대자연의 운행 원리인 오행과 인간의 삶의 원리인 오상을 밝히고 있는 시이다.

1년 사계절을 사시(四時)라고 하는데, 하늘의 운행은 만물의 소생, 성장, 결실, 휴식이 봄, 여름, 가을, 겨울의 순서대로 진행되며, 그 시작은 봄이고 겨울에 이르러 마침표를 찍게 되는 것이다. 그러므로 봄을 사시의 시작이라고 하는 것이다.

중국의 유학(儒學) 자연관에 의하면 우주 만물과 사람은 태극(太極)으로부터 분화되어 나왔다고 하며 '이성적 사유능력' 을 지닌 인간을 만물의 영장이라고 말하기도 한다.

우주만물은 상생상극(相生相剋)에 의하여 생장하고 소멸하는데 즉, 만물을 구성하는 가장 근원적인 원소를 수(水)·화(火)·목(木)·금(金)·토(土)라고 보아 이것을 오행(五行)이라고 하였다.

사람이 태어나면서 하늘로부터 부여받은 착한 심성이 있는데 그것을 알 수 있게 해주는 네 가지 단서인 인·의·예·지를 사단(四端)이라고 하고, 항상 지켜야 할 다섯 가지 도리인 인(仁)·의(義)·예(禮)·지(智)·신(信)을 오상(五常)이라 일컫는다.

2-4

하늘과 땅과 사람은 삼재요
임금과 스승과 부모는 한 몸과 같다
하늘과 땅은 부모가 되고
해와 달은 마치 형제와 같다

天地人三才　君師父一體
천 지 인 삼 재　군 사 부 일 체
天地爲父母　日月似兄弟
천 지 위 부 모　일 월 사 형 제

1구는 주역(周易) 계사하(繫辭下)에서 인용하였는데, 삼재(三才)란 우주를 구성하는 세 가지 중요한 근본적인 존재로 하늘, 땅, 사람을 말하는 것이다. 또한 임금과 스승과 아버지가 동일체임을 말하고 있는데, 이는 국어(國語)의 진어(晉語) "백성들은 세 가지를 근본으로 태어났으니 그들 섬기기를 한결같이 해야 한다. 아버지는 낳아주시고, 스승님은 가르쳐 주시며, 임금께서는 먹여주시니, 아버지가 아니면 태어나지 못했고, 먹지 않으면 자라지 못하며, 가르침이 아니면 알지 못하니 삶의 동류(同類)요, 그러므로 한결같이 그들을 섬기고 오직 그들이 있는 곳이라면 목숨을 바치는 것이니라."에서 인용한 것이다.

유가사상에서 만물은 음(陰)과 양(陽)의 조화에 의해 생겨나고 자란다고 생각해왔다. 양은 하늘(天), 음은 땅(地)으로 만물을 낳고 기르는 것을 하늘과 땅에 비유하였고, 그러한 까닭에 천지를 만물의 부모라고 여긴 것이다. 우주 만물의 근원지는 '태극(太極)'이며 이것으로부터 음과 양, 오행, 만물이 생겨나는 것인데 양을 대표하는 것은 해(日), 음을 대표하는 것은 달(月)인 것이다. 그러므로 해와 달은 태극으로부터 나온 형제와 같다고 표현한 것이다.

2-5

부부는 두 성이 합한 것이요
형제는 한 기운으로 이어졌도다
부모는 사랑하고 자녀는 마땅히 효도해야 하며
형은 우애하고 아우 또한 공손해야 한다

夫婦二姓合　兄弟一氣連
부 부 이 성 합　형 제 일 기 련
父慈子當孝　兄友弟亦恭
부 자 자 당 효　형 우 제 역 공

【출전】 3구, 4구는 춘추좌전(春秋左傳) 은공 3년 · 소공 26년, 소학(小學) 명륜

가정은 한 사회를 구성하는 최소의 단위로 서로 다른 환경의 남·여 두 사람의 결합으로 이루어지며 넓게 본다면 두 가정이 인척 관계를 맺는 의미있고 소중한 만남이다.

부모의 기운을 받고 태어난 자녀는 뿌리라는 부모와 나뭇가지라는 자녀로 구성된다. 비록 나뭇가지의 길이와 형체는 다르지만 뿌리와 나무줄기라는 관계에 연결되어 하나의 유전자로 맺어진 한 몸인 것이다.

유가사상에서는 부부가 있고, 부자가 있으며, 형제가 있어 이 세 가지가 구족(九族)을 구성하는 근본이라고 말한다. 구족이란 모든 백성을 말한다. 『예기(禮記)』의 예운(禮運)에 이르기를 "아버지는 자애롭고 자녀는 효도하며, 형은 어질고 아우는 공손하며, 남편은 의롭고 아내는 순종하며, 어른은 은혜롭고 아이는 순하며, 임금은 인하고 신하는 충성하는 것, 이 열 가지를 사람의 의라고 이른다."라는 구절이 나오는데 그래서 부부는 서로 존중하고, 부자는 서로 사랑하며, 형제는 서로 우애로워야 한다는 것이다. 이 세 가지를 기본바탕으로 하여 타인을 사랑하는 것이 유가사상의 핵심인 것이다.

2-6

부모는 천년 동안 오래 살기를 바라고
자손은 만대에 이르도록 영화를 누리기를 기원하네
임금을 사랑하여 정치가 편안하기를 바라고
나라를 근심하여 해마다 풍년들기를 원하네

父母千年壽　子孫萬世榮
부 모 천 년 수　자 손 만 세 영
愛君希道泰　憂國願年豊
애 군 희 도 태　우 국 원 년 풍

이 시는 효도와 애국심을 노래한 것으로 자식 된 자의 도리로 부모가 아무런 변고 없이 긴 세월 살아가기를 바라고, 부모는 자식이 세상에 나아가 입신양명하여 영원토록 부귀영화를 누리기를 기원하는 마음을 노래하고 있다.

한영(韓嬰)이 지은 『한시외전(韓詩外傳)』에 '수욕정이풍부지 자욕양이친부대(樹欲靜而風不止 子欲養而親不待)' 라는 시가 있다. '나무는 조용히 있고자 하나 바람이 그치지 않고, 자식은 부모를 봉양하고 효를 다하고자 하나 부모는 기다려 주지 않네.' 라고 했듯이 가는 세월은 막을 수 없고, 자식이 입신양명하여 훗날 효도하려고 할 때에는 부모가 이미 돌아가시고 없으니 후회와 눈물에 무슨 의미가 있겠는가?

앞장 2-4에서 군사부일체(君師父一體)라는 말이 나오는데, 임금과 스승과 아버지는 한 몸과 같다고 여겨 "임금과 스승 섬기기를 아버지와 같이하여야 하며, 임금은 백성을 사랑하기를 자기 자식과 같은 마음으로 은혜를 베풀어야 한다."고 했다.

백성들이 덕이 넘치는 훌륭한 군주를 받들고 사랑한다면 나라의 정치가 편안해지고 왕조가 만세를 누리게 되는 것이니, 멀리보면 다스리는 자와 다스림을 받는 자가 상생(相生)으로 윈윈(Win-Win)하는 것이니 얼마나 아름다운 모습인가? 또한 임금은 항상 백성을 사랑하는 마음에서 백성들이 기근에 시달리지 않도록 언제나 나라에 풍년이 들기를 기원하는 마음을 말하고 있다.

2-7

아내가 현명하면 남편에게 화가 적고
자녀가 효도하면 부모의 마음이 너그러워지네
자녀가 효성스러우면 어버이가 기뻐하시고
가정이 화목하면 모든 일이 절로 이루어진다네

妻賢夫禍少　子孝父心寬
처 현 부 화 소　자 효 부 심 관
子孝雙親樂　家和萬事成
자 효 쌍 친 락　가 화 만 사 성

【출전】 1구 ~ 4구 명심보감(明心寶鑑)

위 시의 1구와 2구는 『명심보감(明心寶鑑)』 성심 하편(省心 下篇), 3구와 4구는 치가편(治家篇)에 나오는 말로 가족 구성원 간 역할의 중요성과 가정의 화목이 중요성에서 말하고 있다. 남편과 아내의 협업이 중시되는 오늘 날의 가정에서 부부가 지혜롭지 못하여 남과 다툼이 생긴다면 집안의 화목은 유지될 수가 없다.

자녀들의 눈에 부모가 의롭지 못하고 사납기만 하다면 집안의 평화가 찾아보기는 힘들다. 그러므로 예로부터 남편에게는 온화함과 의로움을, 부인에게는 덕의 유순함을 강조한 것이다.

부모를 공경하는 마음을 지닌 자녀들은 반드시 형제자매 사이에도 우애가 넘치며, 사회생활에서도 타인과의 조화를 원만히 하여 결코 부모를 욕되게 하거나 걱정을 끼치는 행동을 하지 않을 것이다. 그러므로 자녀는 언제나 부모님께 효도하는 마음을 갖고, 부모의 마음을 항상 즐겁게 하도록 노력하여 가정을 늘 화목하게 유지한다면 집안에서 이루어지는 모든 일이 순조롭게 이루어질 수 있는 것이다.

부모는 자녀의 거울이다. 『명심보감(明心寶鑑)』 효행편(孝行篇)에 “부모에게 효도하고 순종하는 사람은 또한 순종하고 효도하는 자녀를 낳고, 부모에게 거역하는 사람은 또한 거역하는 자녀를 낳게 된다.”고 하였다.

자기 부모에게 효도하는 것은 자녀에게 효도와 존경을 받기 위함이 아닌 효를 모범으로 교육하여 가정의 평화를 이루기 위함인 것이다.

추구(推句) 3

3-1

집이 그리워 맑은 밤에 서성이다가
아우 생각에 대낮에도 졸고 있다네.
집이 가난하면 어진 아내를 생각하고
나라가 어지러우면 어진 재상을 생각한다.

思家清宵立　憶弟白日眠
사 가 청 소 립　억 제 백 일 면
家貧思賢妻　國亂思良相
가 빈 사 현 처　국 란 사 량 상

【출전】 1구, 2구 두보(杜甫)의 이별을 한하며(恨別)
3구, 4구 사마천(司馬遷)의 사기(史記)의 위세가(魏世家)

이 시의 1구와 2구는 두보(杜甫)의 '이별을 한하며 (한별 恨別)' 이라는 시의 일부분이다. 두보는 안녹산(安祿山)의 난으로 피난과 유랑하는 과정에서 가족을 그리워하는 심정을 시에 많이 남겼다.

가족의 생사를 모르는 상황에서 그리움에 밤에도 잠을 못 이루고 문밖을 서성이며, 고향의 모습과 아우를 생각하다가 잠이 들어 졸고 있는 모습을 잘 표현하고 있다.

3구와 4구는 사마천(司馬遷)[6] 이 편찬한 『사기(史記)』의 위세가(魏世

---

6) 사마천(司馬遷, BC 145~BC, 68) 중국 전한(前漢)의 사가(史家). 자(字)는 자장(子長). 태사령(太史令)·사마담(司馬談)의 아들. 부친 사마담이 끝내지 못한 역사 편수의 일을 계승 130편이나 되는 거작인 『사기(史記)』를 지었다.

家)에서 전국시대(戰國時代) 위(魏)나라를 세운 개조(開祖)인 위문후(魏文侯)가 측근인 이극(李克)에게 한 말을 인용한 것이다. 집이 가난하더라도 아내가 어질고 현명하다면 지혜롭게 집안의 평화를 유지하여 가난을 극복할 수 있다.

정치가들이 백성 위에 군림(君臨)하며 사리사욕과 당리당략에만 힘쓴다면 민심은 지도자나 정치가를 믿지 못하고 나라를 등지게 될 것이다. 나라가 어려울수록 인(仁)과 의(義)를 중시하고, 정직한 인물을 등용하여 정치와 민생의 안정을 꾀하는 것이 재상의 할 일인 것이다.

3-2

푸른 대나무는 군자의 절개요
푸른 소나무는 장부의 마음이로다
사람의 마음은 아침저녁으로 변하지만
산빛은 예나 지금이나 한가지로구나

綠竹君子節　青松丈夫心
록 죽 군 자 절　청 송 장 부 심
人心朝夕變　山色古今同
인 심 조 석 변　산 색 고 금 동

대나무와 소나무는 사계절 푸른 생명력으로 시화(詩畫)에서 군자의 절개를 상징하는 소재로 많이 쓰였다. 벼과에 속하는 대나무는 한겨울 추위에도 푸른 잎과 곧은 줄기로 자라는 풀이여서 인내와 절개 그리고 지조의 풀로 형상화되어 사군자에 속하였으며, 『논어(論語)』 자한편(子罕篇) 27장에 공자가 말하기를, "날씨가 추워진 뒤에 소나무와 측백나무가 늦게 시든다는 것을 안다. (子日 歲寒然後知松柏之後彫也)"라고 하여 소나무에 대한 굳고 변치 않는 절개의 상징성은 더욱 확고해졌다고 할 수 있다.

군자와 대장부는 어려운 시기가 왔을 때 자신을 두르고 있던 위선과 거짓을 버리고 참 모습을 보이게 되는데, 그런 시기에도 곧고 바른 모습을 보일 때 그 사람이 군자와 대장부 같은 성품을 지녔다 할 수 있다.

이렇게 변함없는 자연에 비하여 사람의 마음이 얼마나 간사하게 변하고 있는지를 한탄하고 있다. 군자(君子)는 산과 같은 항심(恒心)을 품고 있지만 소인배(小人輩)의 마음은 시류에 따라 이리저리 흔들리기 쉬우니 이런 마음으로 인해 아무런 성취를 이룰 수 없고, 보잘 것 없는 사람이 되고 만다. 그러므로 우리가 인의예지(仁義禮智)를 알고 행할 때 대나무와 소나무와 같은 변함없는 군자와 대장부의 마음을 유지하며 살아갈 수 있는 것이다.

3-3

강산은 만고의 주인이요
사람은 백년의 손님이로다
세상 일은 석 자 거문고에 실어 보내고
생애는 한 잔 술로 달래네

江山萬古主　人物百年賓
강 산 만 고 주　인 물 백 년 빈
世事琴三尺　生涯酒一盃
세 사 금 삼 척　생 애 주 일 배

이 시는 이백(李白)의 '춘야연도리원서(春夜宴桃李園序)[7]'라는 시를 떠오르게 한다. 봄날에 복숭아꽃과 자두꽃이 만발한 정원에서 사촌 형제

7) 『춘야연도리원서(春夜宴桃李園序)』는 당(唐)나라의 이백(李白)이 당 현종 개원 21년(733년) 전후에 안륙(安陸)에서 쓴 것으로 추정되며, 『춘야연종제도화원서(春夜宴從弟桃花園序)』라고도 한다.

들을 초대하여 화려한 시회(詩會)를 벌이면서 쓴 책의 서문으로 인생무상이 묻어나는 마음을 노래한 시이다.

"천지라는 것은 만물이 쉬어가는 나그네 집이요, 세월이라는 것은 대를 이어 지나가는 나그네이다. 그 가운데 우리네 덧없는 인생의 짧기는 꿈과 같고, 그 동안에 기쁨을 누린다 한들 얼마나 되겠는가! 옛 사람이 백 년도 못 사는 인생으로 천년의 근심을 안고서, 낮은 짧고 밤은 길어 놀아볼 겨를이 없음을 한탄하다가 밤에 촛불을 켜고 밤을 낮 삼아 놀았다고 하더니 참말로 이제야 그 까닭이 있음을 알겠구나!

하물며 만물이 소생하는 화창한 봄날, 아지랑이 이내 어린 아름다운 봄 풍경이 활짝 웃으며 날 오라 불러대고, 여기에 하늘이 또 내게 시문(詩文)을 짓는 재주까지 빌려주며 시 한 수 읊어 보라 하니, 아니 놀고 어찌하겠는가! 그래서 오늘 복숭아꽃, 자두꽃이 활짝 피어 향기 그윽한 이 꽃동산에서 주연을 베풀고, 우리 형제들 친족들 모두 모여 즐거운 일들을 펼치니, 젊은이들은 모두가 훌륭한 인재이니 유명한 시를 잘 지어내는 송나라 사혜련(謝惠連)[8] 이 되어 멋진 시를 다듬어 내는구나. 그런데 내가 읊은 노래만이 평소에 흠모하던 시인 사강락(謝康樂, 謝靈運)[9] 을 보기가 부끄러울 정도로구나!

고요히 봄 풍경을 미처 감상도 덜 했는데 또다시 고상한 이야기들이 갈수록 맑게 들려오고, 주옥같은 이 자리, 아름다운 연석에 꽃을 보며 앉아서 새 모양의 술잔들을 새깃마냥 날리며 이 밤을 달 앞에 취한다. 즐거운 밤놀이, 이렇게 좋은 봄밤에 시 한 수가 없을까 보냐! 썩 좋은 작품이 없고서야 내 이 풍아한 생각들을 무엇으로 풀어 보랴! 만일 좋은 시 한 수씩을 읊어내지 못한다면 무엇으로 벌을 줄까? 그렇지! 진나라

---

8) 사혜련(謝惠連, 397~433) 송나라 때의 시인으로 글을 짓는 재주가 뛰어나 족형(族兄)인 사령운(謝靈運)과 함께 '대소사(大小謝)'로 불렸다.

9) 사령운(謝靈運, 385~433) 남북조의 시인으로 동진(東晋)때 강락공(康樂公)의 벼슬을 지내 사강락(謝康樂)으로도 불리며 대표적인 시로 등지상루, 초거군 등이 있다.

석숭(石崇)[10]이 금곡의 별장 금곡원(金谷園)에 손님들을 초대하여 주연을 베풀고, 시를 짓지 못하는 사람에게 벌주로 술 서말을 마시게 했다던데 우리도 금곡의 예를 따르리라!"하였다.

'천지'를 만물이 묵어가는 여관으로, '세월'은 그 여관에 묵어가는 나그네에 비유하는 발상의 기발함에 감탄이 저절로 나온다. 강과 산은 오랜 세월이 흘러도 변함없이 한 자리를 지키고 있어서 자기 집을 지키고 있는 주인과 같고, 백년도 못사는 사람들은 그 집에 잠시 머물다가는 손님과 같은 것이다.

부평초처럼 이리저리 떠다니는 짧은 인생, 각자에게 주어진 대로 최선을 다해서 살아가지만 세상사 온갖 일은 가시밭길과 다름이 없다. 이제 세상사 시름과 걱정이라는 마음의 짐을 잠시 내려놓고 거문고 소리를 들으며, 한 잔 술로 온갖 시름을 달래볼 여유도 필요한 것이다.

3-4

산은 고요하여 오랜 옛날과 같고
해는 길어서 짧은 일년과 같구나
고요함 속에서 세상의 넓음을 알겠고
한가로운 가운데 세월의 유장함을 느끼네

山靜似太古　日長如小年
산 정 사 태 고　일 장 여 소 년
靜裏乾坤大　閒中日月長
정 리 건 곤 대　한 중 일 월 장

---

10) 석숭(石崇, 249~300) 진(晉)나라 때의 부호이며 문장가로 자(字)는 계륜(季倫). 형주 자사(荊州刺史)를 지내면서 응양장군(鷹揚將軍)에 올랐다.

【출전】 1구, 2구 당경(唐庚)의 취면시(醉眠詩)

이 시의 1구와 2구는 송나라 시인 당경(唐庚)[11]이 혜주로 유배가 있을 때 지은 '술에 취하여 잠들다 『취면시(醉眠詩)』' 에서 인용하였다.

적막하고 긴 늦은 봄날 술에 취해 꽃들을 구경하고 새 소리를 들으며 잠이 들려 하는 모습을 서정적으로 표현한 시인데, 술에서 깨어나 시를 지으려 하면 이미 잊어버렸다며 시인의 허전한 마음을 토로하였다.

세상을 일을 잠시 잊고 떠나온 깊은 산속의 고요함은 태고적에 무(無)에서 유(有)가 창조된 세상의 적막감 그 자체였으리라. 당경이 40세 때 유배령을 받고 성남이씨(城南李氏)의 산원(山園)에서 더부살이하며 책을 읽거나 글을 지었다고 하는데, 해가 길어지면 아침부터 저물녘까지 깊은 산속 유배지에서의 하루는 마치 짧은 일년과 같이 길게만 느껴졌을 것이다.

정계를 떠나 깊은 산속에서 자연을 벗하며 사색하는 가운데 어느 날 문득 하늘과 땅, 이 우주의 광대함을 깨닫게 되고, 정쟁(政爭)과 정사(政事)로 바쁘고 힘들었던 지난날을 되돌아보며 세월의 유장함을 한가로움 속에서 깨닫게 된다는 내용이다.

---

11) 당경(唐庚, 1070~1120) 사천성(四川省) 단릉(丹稜)사람. 자(字)는 자서(子西)이며 노국선생(魯國先生)이라고 불렀다. 벼슬은 승의랑(承議郎)을 지냈다. 그는 자기의 시를 여러 번 고치면서 완성하여 시가 간결하고, 세련되며, 예리하고 힘찬 것이 특징이다.

3-5

밭을 갈며 봄빛을 땅에 묻고
물을 길으며 달빛을 함께 떠오네
서쪽 정자는 강 위의 달이고
동쪽 누각은 눈 속의 매화로구나

耕田埋春色　汲水斗月光
경 전 매 춘 색　급 수 두 월 광
西亭江上月　東閣雪中梅
서 정 강 상 월　동 각 설 중 매

【출전】 1구, 2구 김인후(金麟厚)의 백련초해(百聯抄解)
3구, 4구 두보(杜甫)의 동각궁매동시흥(東閣宮梅動詩興)
이옥(李鈺)의 이언(俚諺) 15수 중 탕조(宕調)

1구와 2구는 명종(明宗) 때 김인후가 칠언한시(七言漢詩) 가운데 연구(聯句·連句) 백 수를 뽑아 한글로 옮겨 펴낸 『백련초해(百聯抄解)』 작품 중 7언 절구를 인용하였는데 들과 늙은이(野叟), 산과 스님(山僧)을 줄여 주어가 생략되어 시의 맛이 다소 떨어진 5언 절구로 표현하였다.

耕田野叟埋春色 : 들에 밭가는 늙은이는 봄빛을 땅에 묻고,
汲水山僧斗月光 : 물긷는 산중에 스님은 달빛을 떠오네.

봄이 되면 온 세상은 초록빛으로 가득하다. 산과 들은 물론 겨우내 얼어붙었던 사람의 마음까지도 봄빛으로 일렁인다. 한해의 풍요를 꿈꾸며 농부는 소를 몰아 쟁기질을 하고, 어린 송아지는 어미 소를 뒤따르며 가냘픈 울음으로 허기를 보챈다. 벌써부터 농부의 마음은 바빠지기 시작하고 갈아 엎은 논과 밭의 긴 이랑 밑으로 봄날이 잠기고 있다.

달을 너무나도 사랑했던 당나라 시인 이태백은 규범과 부패의 현실 정치를 떠나 평생 방랑으로 생을 마감한다. 1,100여편의 시에는 달과 술이 소재로 많이 등장하는데 달과 술은 그의 문학과 철학의 근원이며 동반자였다.

평생 도학을 추구하며 인간을 초월하여 자신만의 이상향을 그리며 비상을 꿈꾸었던 그의 일생은 허무하게 끝이 났지만 술의 신선이 된 시인이 외롭게 밤을 비추는 하늘의 달이 되어 있지 않을까? 우물에 잠긴 달은 두 손으로 떠올 수 있다니 얼마나 아름다운 시적인 표현인가?

3구와 4구의 정자와 누각을 강 위로 뜨는 달과 눈 속의 매화로 묘사하고 있는데, 서정(西亭)은 당나라 소주부(蘇州府)에 세웠던 정자의 이름이고, 동각(東閣)은 사천성 간양현 동쪽에 있는 누각의 이름이다.

두보의 시에 "동각 궁중의 매화가 시에 흥을 일으키네. (東閣宮梅動詩興)"라는 구절이 있다. 당시에는 서정강상월(西亭江上月)이라는 노래가 널리 불리워졌다고 하는데, 이옥(李鈺)[12] 의 "이언(俚諺)" 15수 중 '탕조(宕調)' 넷째수와 최성대가 지은 시에도 임을 이별한 여인이 고개 숙이고 이 노래를 부르는 모습이 나온다.

서쪽의 정자는 강 위에 떠 있는 달과 같고, 동쪽의 누각은 하얀 눈 속에서 빛나는 모습이 마치 하얀 매화꽃과 같음을 비유하여 한시로 노래하고 있다.

아름다움이란? 객관적으로 드러나 눈에 보이는 것이 아니라 이처럼 어떤 대상에 대하여 관심과 사랑이 있을 때 마음으로부터 피어올라 참된 느낌으로 다가오는 것이 아닐까?

---

12) 이옥(李鈺, 1760 ~1812) 조선 후기의 문인. 본관은 연안. 자는 기상, 호는 문무자·매사·매암·경금자·화석자. 일상의 이야기를 소재로 작품을 썼다. 문체반정으로 억압받고 불우하게 지냈으며, 대표작으로 『심생전(沈生傳)』, 『유광억전(柳光億傳)』이 있다.

3-6

술을 마신 사람의 얼굴이 붉어지고
풀을 뜯는 말의 입이 파래진다네
탁주는 사람의 얼굴을 붉게 만들고
황금은 벼슬아치의 마음을 검게 만드네

飮酒人顔赤　食草馬口青
음 주 인 안 적　식 초 마 구 청
白酒紅人面　黃金黑吏心
백 주 홍 인 면　황 금 흑 리 심

이 시의 1구와 2구는 붉은 것과 푸른 것의 색체 대비를 통해 술을 마신 사람의 얼굴빛과 풀을 뜯는 말의 입을 표현하고 있다. 3구와 4구는 막걸리의 흰색과 재물의 황금색 대비를 통해 물욕에 가려지기 쉬운 사람의 마음을 경계하는 의미를 표현하고 있다.

한시에서 술은 중요 소재로 많이 등장하는데 『논어(論語)』에서도 여러 차례 술에 대한 내용이 거론된다. 논어 향당편(鄕黨篇) 8장에 공자께서는 "술은 일정한 양이 없으셨으나 어지러움에 이르지 않으셨다.(唯酒無量 不及亂)"라고 하여 주량이 중요한게 아니라 술로 인하여 좋은 분위기와 건강을 해치지 않는 것의 중요성을 말하고 있다. 또한 자한편(子罕篇) 15장에 "공자께서 말씀하셨다. 조정으로 나가서는 공경(公卿)을 섬기고, 집으로 들어와서는 부형(父兄)을 섬기며, 상사(喪事)를 감히 힘쓰지 않음이 없으며, 술에 곤함(酒困)을 당하지 않는 것, 이 중에 어느 것이 나에게 있는가?"라는 말이 나온다. 여기서 주곤(酒困)이란 과음로 인하여 일어나는 폭언, 폭력, 대인, 성적인 문제 등 곤경에 스스로 빠지는 것을 말한다.

신독(愼獨) 이라는 말이 있다. “듣는 이와 보는 이가 없을지라도 반드시 마음가짐을 바로 하여 격물(格物)과 언행(言行)에 각별(各別)히 조심해야 한다.”는 뜻이다.

중용 1장 3절에 “숨은 곳에서 자신의 모습이 더 잘 드러나는 것이 없고, 미세한 것보다 더 뚜렷한 것이 없다. 그러므로 군자는 홀로 있을 때 더욱 삼가는 것이다. (是故君子戒愼乎其所不睹, 恐懼乎其所不聞. 莫見乎隱, 莫顯乎微, 故君子愼其獨也)”라는 말이 나온다. 또한, 대학 6장에 “이른바 뜻을 정성스럽게 한다는 것은 자기를 속이지 아니함이니 나쁜 냄새를 싫어하고 좋은 모양을 좋아하는 것과 같다. 이를 일러 스스로 만족함이라 하는데 그런 까닭에 군자는 반드시 그 홀로 있음을 삼간다. (所謂誠其意者는 毋自欺也니 如惡惡臭하며 如好好色이라. 此之謂自謙이니 故로 君子는 必愼其獨也니라.)”라는 말이 나온다.

인생을 살아가면서 남이 보지 않는 곳에서 나 자신을 속이지 않는 것은 실천하기 어려운 일임을 말하는 것이다.

3구와 4구에 나오는 ‘백주홍인면(白酒紅人面) 황금흑리심(黃金黑吏心)’란 글은 신독(愼獨)의 마음가짐이 얼마나 어려운 덕목(德目)인가 하는 것을 강조한 것이다.

명나라 시절에 여곤(呂坤)이 지은 신음어(呻吟語)에 “고독이피 감독난피 (苦毒易避 甘毒難避)”의 고독(苦毒)은 “충직한 말은 독약처럼 피할 것이고, 감독(甘毒)은 간사스러운 말은 듣기에 달콤하여 쉽게 받아들인다.”는 뜻이다.

공직(公職)에 종사하다 보면 좋든 싫든 공금(公金)을 대하게 되는데 이때 물욕(物慾)이 생기게 되고, 이권을 바라는 여러 사람과 접하게 되니 고독(苦毒)과 감독(甘毒)을 걸러낼 줄 아는 신독수양(愼獨修養)의 마음자세가 벼슬아치에게 중요시되는 이유라 하겠다.

3-7

노인은 지팡이를 짚고 가고
어린아이는 죽마(竹馬)를 타고 오네
사내 종은 나무 섶을 지고 가고
여자 종은 물을 길어 오도다

老人扶杖去　小兒騎竹來
로 인 부 장 거　소 아 기 죽 래
男奴負薪去　女婢汲水來
남 노 부 신 거　녀 비 급 수 래

위 시는 노인의 지팡이와 어린아이의 죽마를 대비시킴으로써 가고 오는 세월의 무상함을 이야기하고 있으며, 나무를 지고 가는 남자 종과 물을 길어오는 여자 종의 역동적인 모습을 대조적으로 표현하였다. 즉 전구가 노인과 어린아이를 통한 대비라면 후구는 부지런히 일하는 남·녀를 묘사한 것이다. 전체적으로 남녀노소가 조화롭게 어울린 모습은 마치 한가로운 고향의 모습을 한 폭의 화선지에 담담하게 그려내고 있는 듯하다.

『후한서』 권31 곽급열전(後漢書 卷31 郭伋列傳)에 죽마환영(竹馬歡迎)이라는 말이 나온다. "곽급이 동한(東漢, 20~220)의 전임(前任) 병주목(并州牧)으로 있으면서 은혜로운 정사를 베풀었는데 후한 광무제가 그를 다시 병주목으로 임명하여 그 지방에 재차 부임하게 되었다. 곽급이 순시하다가 서하(西河)의 미직(美稷)에 이르렀을 때 곽급의 선정을 기억하는 노인들이 명아주 지팡이를 짚고 마중을 나오고, 100여 명의 아이들이 대나무로 만든 죽마를 타고 나와서 환성을 올리며 영접했다."는 이야기가 전해진다.

중국의 요임금과 순임금 시대에는 백성들의 삶이 풍요롭고 여유로워 심지어는 군주의 존재까지도 잊고 '격양가(擊壤歌)'를 부르는 태평성대의 세상이었다고 한다. 노인이 지팡이를 짚고, 아이들이 죽마 놀이를 하며, 백성들이 마음 놓고 생업에 종사할 수 있는 그런 세상이 살맛나는 요순(堯舜)의 세상이었음을 그려본다.

3-8

벼루를 씻으니 물고기가 먹물을 삼키고
차를 끓이니 학이 연기 피해 날아가네
소나무는 손님 맞는 양산이 되고
달은 글 읽는 등불이 되네

洗硯魚呑墨　煮茶鶴避煙
세 연 어 탄 묵　자 다 학 피 연
松作延客蓋　月爲讀書燈
송 작 연 객 개　월 위 독 서 등

【출전】 1구 ~ 4구 김인후(金麟厚)의 백련초해(百聯抄解)

이 시의 1구와 2구는 하서 김인후의 『백련초해』의 구절 중 "못 가에서 벼루를 씻으니 물고기가 먹을 삼키고, 소나무 아래에서 차를 달이니 학이 연기 피해 날아가네."에서 인용하였다.

고여 있는 연못의 물에 벼루를 씻게 되면, 벼루에 남아 있던 먹물이 흩어져 못물을 흐리게 만들므로 그곳에 살고 있는 물고기들이 먹물을 삼키게 됨을 표현하였다. 또한 차를 끓이는 곳은 대부분 소나무 아래인데 차를 끓이기 위해 불을 지피면 소나무 위에 앉아 있던 학들이 올라오는 연기를 피해 날아가는 것처럼 느껴짐을 말하고 있다.

3구와 4구 역시 『백련초해』의 구절을 인용하였는데 긴 세월 속에서도 변함없이 연못가에 자리를 잡고 있는 낙락장송은 그 집을 드나드는 귀한 손님들에게 아름다운 가지를 뻗어서 그늘을 만들어 주니 얼마나 훌륭한 양산이었겠는가?

앞도 보이지 않는 어두운 밤에 산방에서 불이 없으면 글을 읽을 수 없었으니 얼마나 답답하겠는가? 하지만 밤하늘에 떠오른 달빛으로 등불을 삼아 부지런히 글을 읽는 선비의 모습을 떠올리면 외형적인 즐거움에 사로잡혀 독서를 경시하고 외면하는 요즘의 세태를 꼬집는듯 느껴진다.

3-9

떨어진 꽃이 가엾어 차마 쓸지 못하고
달빛 밝으니 사랑스러워 잠 못이루네
달은 구름 사이의 둥근 거울이 되고
바람은 대숲 속의 거문고가 되네

花落憐不掃　月明愛無眠
화 락 련 불 소　월 명 애 무 면
月作雲間鏡　風爲竹裡琴
월 작 운 간 경　풍 위 죽 리 금

【출전】 1구 ~ 4구 김인후(金麟厚)의 백련초해(百聯抄解)

『백련초해』의 구절에서 인용된 이 시는 뜰에 떨어진 꽃조차 애틋하여 쓸어버리지 못하는 마음과 창밖으로 비치는 달빛에 잠을 못 이룰 정도로 달을 사랑하는 시인의 마음을 잘 표현하고 있다.

구름 사이로 언뜻언뜻 나오는 달이 마치 세상을 비추는 둥근 거울처럼 보이고, 대숲 사이로 부는 바람에 대나무 가지가 흔들리며 부딪혀 나는 소리가 마치 거문고 소리인듯 느끼고 있다.

남송 시인인 양만리(楊萬里)[13] 가 지은 납전월계(臘前月季)이라는 시에 화무십일홍(花無十日紅)이라는 시구가 있는데, 이 시는 양만리가 월계화라는 꽃을 감상하면서 지은 시로 월계화가 가진 생명력을 찬미하였다고 하나 "아무리 아름다운 꽃도 열흘을 넘기지 못한다."는 의미로도 쓰인다. 한번 성한 것이 얼마못가서 반드시 쇠하게 됨을 비유적으로 이르는 말로 흔히 권력의 무상함을 표현할 때 많이 사용되곤 한다.

누구나 한번은 태어나고 죽는 자연의 순리를 맞이해야 한다. 초로와 같은 짧은 삶이 아쉬워 사람들은 서두르지만 매년 피고 지는 저 꽃은 서두르지 않는다. 오로지 때를 알아서 저 혼자서 피고 진다. 피는 꽃도 지는 꽃도 아름답게 바라볼 줄 아는 넉넉한 사람의 마음이 그립다.

3-10

물을 움켜쥐니 달이 손에 있고
꽃을 희롱하니 향기가 옷에 가득하네
긴 긴 밤도 등불 앞에서 낮과 같고
유월에도 정자 밑은 가을이라네

掬水月在手　弄花香滿衣
국 수 월 재 수　농 화 향 만 의
五夜燈前晝　六月亭下秋
오 야 등 전 주　륙 월 정 하 추

---

13) 양만리(楊萬里, 1127~1206) 중국 남송시대의 시인. 자는 정수, 호는 성재. '남송 4대가'라고 불리며, 평생 2만 수의 시를 지었는데 4,200여 수만이 남아 있다.

【출전】 1구, 2구 우량사(于良史)의 춘산추월(春山秋月)

이 시는 우량사(于良史)[14]의 '춘산추월(春山秋月)'이라는 시구에서 인용한 것이다. 봄날 산속에서 봄을 맞이한 시인이 아름다운 경치에 흠뻑 취해 섬세한 감정을 드러낸 작품으로 꽃이 피는 봄밤에 물 속에 비친 달빛을 손으로 떠올리니 손안에 달이 있는 것 같다고 표현하였고, 꽃밭에서 꽃과 함께 오래동안 지내고 있으면 꽃향기가 옷에 배어 그 향기가 물씬 풍기게 된다. 어두운 밤하늘의 달빛과 꽃향기가 시각과 후각의 절묘한 조화를 이루었는데, 이 구절은 중국 남송 때의 선서(禪書) 허당록(虛堂錄)에도 인용되어 있고, 불교에서 심경일여(心境一如) 또는 물아일체(物我一體)의 경지를 설명할 때 자주 사용된다.

또한 아무리 컴컴한 밤이라도 등불을 밝힌 곳은 마치 대낮과 같이 밝음을 표현하였으며, 아무리 무더운 한 여름이라 할지라도 뙤약볕을 가려줄 수 있는 정자 아래 있을 때에 시원한 한 줄기 바람이라도 지난다면 가을과 같은 서늘함을 느낄 수 있다고 표현하였다.

3-11

세월 가니 사람의 머리는 희어지고
가을이 오니 나뭇잎 누렇게 되네
비 온 뒤의 산은 목욕을 한 것 같고
바람 앞의 풀은 술취한 것 같네

14) 우량사(于良史, ?~?) 중당(中唐) 현종 때의 사람으로 천보(天寶) 15년(756)을 전후해서 생존했으며 활약했던 시인이다. 시어사(侍御史)를 지냈으며, 시풍은 망향(望鄕)과 은일(隱逸)을 주제로 한 내용이 많다. 그의 시는 『중흥문기집(中興問氣集)』에 수록되어 있으며 『전당시(全唐詩)』에도 7수가 수록되어 있다.

歲去人頭白　秋來樹葉黃
세거인두백　추래수엽황
雨後山如沐　風前草似醉
우후산여목　풍전초사취

【출전】 1구, 2구 노륜(盧綸)의 동이익상추(同李益傷秋)

1구와 2구는 조선 명종 때 김인후가 엮은 『백련초해』에 인용된 당(唐)나라 시인 노륜(盧綸)[15] 의 '동이익상추(同李益傷秋)' 라는 시이다.

늙음을 한탄하는 내용으로 이른바 탄로가(嘆老歌)이다. 흐르는 세월 속에 사람과 만물이 변하고 있어서 흰머리를 통해 사람이 늙어가고 있는 것과 단풍의 누런색을 통해 자연과 계절의 변화를 한스럽게 표현하고 있다. 가을이 깊어가고 지는 단풍을 바라보며 가는 세월을 생각하니 아쉽고, 자신의 머리엔 하얗게 흰머리가 늘어가고 있으니 시인의 마음은 슬픔으로 가득하다.

한 옴큼 초여름 비라도 지나고 나면 온갖 세상의 때들이 다 씻겨져 산천초목이 맑고 훨씬 선명하게 보이며, 빗물을 머금고 있는 것이 마치 목욕한 것처럼 보임을 말하고 있다.

비 때문에 농사 일도 잠시 미루고 간만에 동구 밖 주막에서 고향 친구와 파전에 막걸리를 마시고 얼근하게 취하여 돌아오는 길에 바라본 들판의 풀들은 바람이 부는 대로 이리저리 흔들리고 있다.

서산에 비낀 해는 저녁을 재촉하는데 술 취한 화자는 풀들이 중심을 잡지 못하고 몸을 이리저리 흐느적거고 있다고 말하지만 실제로 흔들리는 것은 모진 세상풍파 속에 화자 자신의 흔들림을 표현하고 있는지도 모를 일이다.

---

15) 노륜(盧綸, 748~800) 산서성(山西省) 사람. 중당의 시인, 자(字)는 윤언(允言). 재상인 원재(元載)가 그의 문장을 인정하여 관직을 얻어 호부낭중(戶部郎中)을 지냈고, 덕종(德宗)과 문종(文宗)이 건전하면서 화려했던 그의 시를 좋아했다고 한다. 전기(錢起) 사공서(司空曙)와 더불어 대력십재자(大曆十才子)의 한 사람으로 손꼽히고 있다.

3-12

사람은 천리 밖에 떨어져 있고
흥취는 한 잔 술 속에 있네
봄 뜻은 분별이 없지만
인정은 깊고 얕음이 있구나

人分千里外　興在一杯中
인 분 천 리 외　흥 재 일 배 중
春意無分別　人情有淺深
춘 의 무 분 별　인 정 유 천 심

【출전】 1구, 2구 이백(李白)의 강하별송지제(江夏別宋之悌)
3구, 4구 김인후(金麟厚)의 백련초해(百聯抄解)

이 시의 1구와 2구는 이백(李白)[16]의 '강하(江夏)에서 송지제와 이별하다.『강하별송지제(江夏別宋之悌)』' 라는 시구의 일부이다.

세속을 벗어나 은거하면서 같이 지내던 친구와 이별의 정을 읊고 있다고 하는데, 송지제의 일생과 사적을 고찰한다면, 이백이 야랑으로 유배간 758년인 58세 때 이 시를 지었고, 송지제는 741년 죽었으니 시간상으로 맞지 않는다. 때문에 이 시는 두 사람의 나이차를 감안하여 볼 때, 이백이 송지제가 '사건에 연루되어 주연으로 유배를 간 일' 에 대해 자신의 불운과 대비시켜 지은 것으로 '강하에서 송지제가 이별했던 일을 회상하며' 라고 해야 옳다고 여겨진다.[17]

---

16) 이백(李白, 701~762) 당대(唐代)의 시인. 자(字)는 태백(太白), 호는 청련거사(青蓮居士). 현종(玄宗)때 한림공봉(翰林供奉)이 되었으나 유랑생활을하고 말년에 양자강(揚子江) 지역에서 62세를 일기로 일생을 마치었다. 일설에는 양자강에 배를 띄워 노는 중 크게 취한 이백이 강에 비친 달을 잡으려다 익사했다고도 전해진다.

17) 남경사범대학교 중문과 욱현호(郁賢皓) 교수가 1978년 3월 남경사원학보(南京師院學報) "이백의시『강하별송지제』계년변오"에 발표한 내용.

사람이 천리 밖에 떨어져 있다는 것은 반드시 거리상 천리라는 것이라기보다는 두 사람 사이의 시간적인 거리 또는 화자의 마음이 세속으로부터 아주 멀리 떨어져 있다고 볼 수 있다.

이별하는 두 사람의 흥이 한잔 술 속에 들어 있다. 즉 이별을 하게 되면 두 사람의 거리는 천리를 떨어져 있어야 하니 무슨 말로 그 이별의 거리와 슬픔을 달랠 수 있겠는가? 그 아쉬움을 술로 달래보려는 이별의 정을 노래한 것이다.

3구와 4구는 『백련초해』의 "꽃은 봄의 정취를 품고 있어 사람을 구별하지 아니하는데, 외물에 대해 느끼는 사람의 마음은 얕고 깊음의 차이가 있네. (花含春意無分別 物感人情有淺深)"라는 구절에서 인용하였는데 "자연은 사람의 빈부귀천에도 불구하고 좋아하고 싫어함에 구별이 없는데, 사람의 마음은 상대에 따라서 차별이 얕기도 하고 깊기도 하다."라고 말하고 있다.

노자(老子)의 『도덕경(道德經)』 5장 1절과 2절에 "하늘과 땅은 어질지 않아 만물을 짚강아지처럼 여기고, 성인은 어질지 않아 백성을 짚강아지로 여긴다. (天地不仁 以萬物爲芻狗, 聖人不仁 以百姓爲芻狗)"라고 했는데, 천지와 성인은 어질지 않아서 백성을 필요에 의해서 쓰고, 버리는 추구(芻狗, 짚강아지)와 같이 여기는 것 같지만 그러한 무심함 속에서도 만물과 인간이 살아가는 큰 은혜를 받고 있는 것이다.

하늘이 지극히 사사로운 것 같지만 그 작용은 지극히 공변된 것이고, 따라서 하늘이 만물을 낳고 또한 만물을 죽이는 것이 바로 도(道)의 이치인 것이다.

이 세계는 천지라는 주어진 세계로 존재할 뿐이며, 그것은 이미 본연의 질서(道)에 따라 운행하고 있는 것일 뿐이다. 인간에게 주어진 책무란 바로 그러한 본연의 질서에 따라 인간 사회를 다스릴 수 있는 성인(聖人)을 요구하는 것일 뿐이다.

3-13

꽃이 떨어지기 전이 봄이요
산이 깊어진 뒤에야 절이 있다네
산 너머에 산은 끝이 없고
길 가운데 길은 다함이 없어라

花落以前春　山深然後寺
화 락 이 전 춘　산 심 연 후 사
山外山不盡　路中路無窮
산 외 산 불 진　로 중 로 무 궁

【출전】 3구, 4구 김인후(金麟厚)의 백련초해(百聯抄解)

계절의 변화를 노래한 시로 꽃이 만발할 때가 봄의 절정이고, 꽃이 떨어지면 여름이 시작된다는 의미에서 꽃이 지기 전까지가 봄철임을 말하고 있다. 수도승들은 복잡한 세속을 떠나 수도해야 하므로 인간 세상과는 되도록 멀리 떨어진 깊은 산 속이 좋다. 따라서 여기서는 세속을 떠난 스님들의 수양 공간으로 깊은 산속의 고즈넉한 산사를 묘사하고 있다.

3구와 4구는 『백련초해』의 "산 밖에 산이 있어 산이 다하지 않고, 길 가운데 길이 많아 길이 끝이 없도다."에서 인용하였다. 험난한 산을 넘고 깊은 물을 건너왔어도 인생이라는 또다른 산과 물이 나를 가로막고 있다. 긴 세월을 열심히 나의 길인양 믿고 걸어왔지만 뒤돌아보면 걸어온 길보다 앞으로 걸어가야 할 험난한 인생 길이 아직도 남아있음에 만이랑 물결과 같은 첩첩산중과 거미줄과 같이 얽힌 길 속의 길 앞에서 깨달음을 얻고 있다. 즉, 끝없는 산과 길을 보며 "산 밖에 또 산(山外山)이 있고, 길 안에 또 길(路中路)이 있다."고 하여 끝없는 깨달음을 따라 일어나는 세속의 법도를 초월한 참선의 오묘한 여운을 남기고 있다.

3-14

해 저무니 푸른 산은 멀리 보이고
날 차가운데 가난한 초가집
작은 동산에 꾀꼬리들 노래소리 그치고
큰 문에는 나비들 춤이 많구나

日暮蒼山遠　天寒白屋貧
일 모 창 산 원　천 한 백 옥 빈
小園鶯歌歇　長門蝶舞多
소 원 앵 가 헐　장 문 접 무 다

【출전】 1구, 2구 유장경(劉長卿)의 봉설숙부용산(逢雪宿芙蓉山)
3구, 4구 영호초(令狐楚)의 사군은(思君恩)

당(唐)나라 중기의 시인인 유장경(劉長卿)[18] 의 '눈을 만나 부용산의 주인집에 머물며 『봉설숙부용산(逢雪宿芙蓉山)』' 의 시에서 1구와 2구를 인용하였는데, 눈이 많이 내린 날 부용산의 주인집에서 하룻밤을 머물며 감회를 적은 시로 부용산이 어디인지 정확하지는 않다. 다만 시에서 화자는 자신의 감정을 감춰두고 보고 들리는 사실 그대로를 묘사했을 뿐인데 독자들에게 묘한 감칠맛을 느끼게 해주는 시이다.

길 떠나는 지친 나그네가 해가 질무렵 묵어갈 곳을 찾기 위해 사방을 둘러보니 날은 이미 어두워져서 푸른 산이 녹색으로 그리고 검은색

18) 유장경(劉長卿, 709?~780?) 중당(中唐)대의 시인. 자(字)는 문방(文房), 하북성 하간현(河間縣)사람이다. 당나라 현종玄宗 천보天寶(742-756) 연간에 진사로 급제하였다. 강직한 성품에 두 차례나 벼슬살이에 쫓겨나는 수모를 당하였다. 당나라 덕종(德宗, 780-783) 때에 수주자사(隨州刺史)를 끝으로 벼슬살이에서 물러나서 그를 유수주(劉隨州)라고 불렀다. 유장경은 오언시에 아주 뛰어나 오언장성(五言長成)이라 불리기도 한다. 왕유(王維)의 영향을 받아 오언시(五言詩)를 잘 지었으며, 시집에 『유수주자집(劉隨州子集)』 10권이 있다.

으로 변해가는 시간의 깊이를 마치 멀어지는 듯하다고 표현하였다. 추운 날씨 때문에 마음이 바빠진 나그네가 단촐하고 가난한 초가를 찾아 하룻밤 묵어가기를 청하고 있는 모습이 마치 한 폭의 풍경화를 보고 있는 듯하다. 백옥(白屋)은 초가집 또는 평민의 집이라는 뜻으로 고대 중국에서는 고관대작의 집은 화려한 색으로 칠했지만, 일반백성들의 집은 색칠을 하지 않아 이런 표현이 나온 듯하다.

당(唐)나라 중기의 재상이었던 영호초(令狐楚)[19]의 '황제의 은총을 그리며 / 끊어진 사랑 『사군은(思君恩)』'에서 3구와 4구를 인용하였는데, 궁녀가 임금을 기다리는 정을 묘사하고 있다. 소원(小苑)은 장안 곡강에 있는 부용원(芙蓉園)으로 황제의 유원지를 말하며, 장문(長門)은 장문궁(長門宮)을 가리키는 말로 한나라 때 장안의 동북쪽에 있던 궁궐로 무제(武帝)의 진황후(陳皇后, 진아교)가 황제의 총애를 잃은 뒤에 살았던 곳으로 유명한 곳이다.

작은 동산에는 봄이 저물어 꾀꼬리 노래소리도 그쳤는데, 커다란 문에는 나비들만 춤추고 있다. '꾀꼬리'나 '나비'는 임금을 기다리는 궁녀를 은유한 것으로 임금이 찾지 않음을 한탄하고 있는 것이다.

사군은(思君恩)

小園鶯歌歇 작은 동산엔 꾀꼬리 노래 그치고
長門蝶舞多 커다란 문엔 나비들 춤만 많구나
眼看春又去 보노라니 봄은 또 지나가 버리는데
翠輦不曾過 임의 수레는 지날 기척조차 없구나

---

19) 영호초(令狐楚, 766~837) 중당(中唐) 시대의 시인. 자(字)는 곡사(穀士). 선주(宣州) 화원(華源)사람. 덕종(德宗)때에 중서시랑동평장사(中書侍郎同平章事)로 정계(政界) 한 쪽의 영수였다. 저서에 『칠렴집(漆匳集)』 130권이 있지만 전하지 않는다. 선집에 『원화어람시(元和御覽詩)』가 있다. 『전당시(全唐詩)』에 시가 1권으로 편집되어 있고, 전당문(全唐文)에는 문 6권이 남아 있다. 시와 문장에 뛰어났으며, 당시의 시인 백거이(白居易), 원진(元稹), 유우석(劉禹錫) 등과 시를 많이 주고받았다.

3-15

바람 부는 창가에 등불은 꺼지기 쉽고
달빛 드는 집은 잠을 이루기 어려우리
해 저무니 닭은 횃대 위로 오르고
하늘이 차가우니 새가 처마에 드는구나

風窓燈易滅　月屋夢難成
풍 창 등 이 멸　월 옥 몽 난 성
日暮鷄登塒　天寒鳥入簷
일 모 계 등 시　천 한 조 입 첨

【출전】 1구, 2구 김인후(金麟厚)의 백련초해(百聯抄解)

『백련초해』의 1구와 2구 "바람은 찢어진 창으로 쏟아지니 등불은 꺼지기 쉽고, 달빛이 창문 사이로 들어오니 잠을 이루기 어렵네. (風射破窓燈易滅 月穿疎屋夢難成)"에서 인용하였다.

창가에 켜 놓은 등불은 찢어진 창문이나 떨어진 창문 틈으로 들어오는 바람에 쉽게 꺼져버리고, 창문으로 달빛이 어리어 비추면 너무 환하여 깊은 잠에 빠져들지 못한다고 한 것이다.

3구와 4구는 해가 저물어서 세상이 잠잘 때가 다가오니 하루종일 모이를 다투어 쪼던 닭들이 잠을 자기 위해 횃대 위로 올라가는 모습과 추워진 날씨로 인해 창공을 날던 새들도 따뜻한 곳을 찾아 처마로 들어가 고단했던 하루의 피로를 풀며 잠드는 것을 한시로 표현했다.

3-16

넓은 들판의 하늘은 나무 위에 닿을 듯
맑은 강물에 달은 나그네 손에 잡힐 듯하네
바람은 무리지어 나는 기러기를 몰아가고
달은 홀로 가는 배를 보내는구나

野曠天低樹　江清月近人
야 광 천 저 수　강 청 월 근 인
風驅群飛雁　月送獨去舟
풍 구 군 비 안　월 송 독 거 주

【출전】 1구, 2구 맹호연(孟浩然)의 숙건덕강(宿建德江)
3구, 4구 김인후(金麟厚)의 백련초해(百聯抄解)

맹호연(孟浩然)[20] 의 '건덕강에 머무르며 『숙건덕강(宿建德江)』' 라는 시에서 1구와 2구를 인용하였다. 이 시는 중국 소학교 어문책에 실려 있는데, 맹호연은 글재주가 뛰어났으나 관직에 오르지 못하고 고향에서 은거와 방랑을 반복하면서 시를 쓰고, 시인들과 교류하며 평생을 지냈다고 한다. 이 시는 그가 방랑하던 중 절강(浙江)의 건덕강(建德江)에 배를 대고 나그네의 시름을 잘 표현한 시로 평가된다.

날이 저물어 사람들은 각자 집으로 돌아가는데 귀가할 수 없는 나그네의 마음은 더욱 처량하다. 텅 빈 들판과 낮아진 하늘은 희망 없이 살아가는 화자의 공허한 마음을 나타내며, 맑은 강물 위로 비춰진 달의 모습은 고향 생각과 더불어 나그네의 시름을 자아내기에 충분하다.

---

20) 맹호연(孟浩然, 689~740) 성당(盛唐)시대의 대표적인 산수전원 시인. 호연(浩然)은 이름인지 호(號)인지 확실치 않으나 통설에는 이름이 호(浩)이고 자(字)는 호연(浩然)이라고 한다. 호북성(湖北城) 양양(襄陽)사람이다. 장구령(張九齡), 왕유(王維) 등과 친교를 맺었다. 일생을 관직 없이 지냈고 문집으로는 『맹호연집(孟浩然集)』 4권이 있다.

『백련초해』에서 3구와 4구를 인용하였는데, 새로운 보금자리를 찾아 무리지어 날아가는 기러기떼의 모습과 달의 배웅을 받으며 갈 곳 잃고 홀로 떠나가야 하는 배가 마치 은거와 방랑의 삶을 살아가는 맹호연의 모습을 비유하는 듯한 느낌을 받는다. 이 시는 서로 다른 문장의 조합이 너무나도 자연스럽게 하나의 의미를 만들고 있다.

3-17

가랑비는 연못 가운데서 보이고
미풍은 나무가지 끝에서 알 수 있네
꽃은 웃어도 소리는 들리지 아니하고
새는 울어도 눈물을 보기가 어렵다네

細雨池中看　微風木末知
세 우 지 중 간　미 풍 목 말 지
花笑聲未聽　鳥啼淚難看
화 소 성 미 청　조 제 루 난 간

【출전】 3구, 4구 김인후(金麟厚)의 백련초해(百聯抄解)

빗방울도 아닌 부슬부슬 내리는 가랑비에 봄철이 저물어가고 있다. 연분홍 복사꽃잎이 미풍에 사뿐사뿐 떨어지니 가는 봄의 아쉬움은 말로 형용할 수 없을 것이다. 미세하게 내리는 가랑비는 잘 보이지 않으니 연못에 이는 파문을 봐야 비가 내리고 있음을 느낄 것이고, 초여름을 재촉하는 산들바람도 살랑살랑 흔들리는 나뭇가지를 보아야 바람의 존재를 알 수 있다. 1구와 2구는 가랑비와 미풍, 연못과 나뭇가지, 가운데와 끝이라는 시어를 배치함으로써 대구(對句)를 이루고 있다.

『백련초해』에서 3구와 4구를 인용하였는데, 이 시의 원작자는 알 수 없으며, 고려시대 서사시 동명왕편을 지은 백운거사 이규보(李奎報, 1168년~1241년)가 6살 때 지었다고 전하기도 하고, 매월당 김시습(金時習, 1435년~1493년)이 세살 때 지은 시라는 기록도 있다.

한시는 대립개념을 묘사한 대구법이 그 생명이고, 그 대구법이 문학적인 흥취를 느끼게 하는 묘수인데 꽃과 새, 웃음과 울음, 소리와 눈물, 들리는 것과 보는 것이 대구되어 절묘함을 이루고 있다.

꽃이 피어있는 모습을 웃는다고 표현하여 그 소리의 들을 수 없음을 말하였고, 꽃이라는 것은 워낙 예쁘고 향기가 나는 것이니 내가 기분이 좋으면 꽃은 웃는 모습으로 보일 수도 있기는 하다. 새의 지저귐 소리를 울음으로 표현하였으니, 눈물은 볼 수가 없는 것이다. 누군가 나에게 은혜를 베풀어 주는 것이 꽃의 미소이며, 나에게 조언해 주는 것이 새의 울음이 아닐까? 곱씹어 볼 일이다.

3–18

흰 해오라기는 천 점의 눈이요
노란 꾀꼬리는 한 조각 금덩이라네
복숭아꽃 자두꽃은 일천 베틀의 비단이며
강산은 병풍 속 한 폭의 그림이로다

白鷺千點雪　黃鶯一片金
백 로 천 점 설　황 앵 일 편 금
桃李千機錦　江山一畫屛
도 리 천 기 금　강 산 일 화 병

【출전】 1구, 2구 김인후(金麟厚)의 백련초해(百聯抄解)

『백련초해』의 1구와 2구 “밭에 내려앉은 백로는 천 점의 눈이요. 나무 위의 누런 꾀꼬리는 한 조각 금이로구나. (白鷺下田千點雪黃鶯上樹一枝金)”에서 인용하였는데, 흰 해오라기와 노란 꾀꼬리는 색체대비를 이루고 있다. 천점(千點)은 수많은 해오라기가 날아가는 모습을 마치 점점이 흰 눈송이가 춤을 추며 내리는 것 같다고 표현하였다.

또한 노란 꾀꼬리가 날아가는 모습이 마치 금조각이 팔랑거리는 것처럼 표현하였는데 눈(雪)은 해오라기의 흰깃털을 보고 눈을 연상한 것이며, 금(金)은 노란 꾀꼬리의 색깔에서 연상한 것으로 시각적인 표현이다.

봄에 피는 복숭아꽃은 분홍색을 띠고 있고, 자두꽃은 흰색을 띠고 있어서 옷감을 짜는 직기(織機)인 베틀 위에 걸려 있는 곱고 고운 분홍색과 흰색 비단이 있음을 연상한 것이다.

병풍은 바람을 막거나 물건 등을 가릴 때 또는 장식을 하기 위해서 방안에 세워 놓은 물건이다. 현대에는 제사 지낼 때 외에는 사용하는 사람이 별로 없지만 예전에는 실생활에서 중요 시 되던 생활소품이었다.

병풍은 꽃, 화조, 산수, 십장생, 글씨 등 다양한 소재를 이용하여 그려 넣었는데, 시인은 자신을 둘러싼 자연의 경치가 너무 아름다워 강과 산이 마치 자신의 방안에 펼쳐져 있는 병풍처럼 느껴지고 있음을 노래하였다. 자연과의 교감을 통해 강산을 병풍 속의 그림과 동일시하는 모습에서 기개의 대범함이 느껴지는 시이다.

3-19

새는 못가의 나무에서 잠이 들고
스님은 달빛 아래 문을 두드리네
노는 물결 아래 달을 뚫고
배는 물 가운데 하늘을 누르네

鳥宿池邊樹　僧敲月下門
조 숙 지 변 수　승 고 월 하 문
棹穿波底月　船壓水中天
도 천 파 저 월　선 압 수 중 천

【출전】1구, 2구 가도(賈島) 제이응유거(題李凝幽居)
3구, 4구 호자(胡仔)가 초계어은총화(苕溪漁隱叢話)

1구와 2구는 당나라시인 가도(賈島)[21] 의 5언 절구인데 '이응유거에 제하다『제이응유거(題李凝幽居)』'에서 인용하였는데 가도의 시는 쓸쓸하고 고적한 제재가 많은데 여기에 인용된 시도 꾸밈이 없고 수수하여 참신하다. 날이 저물어 새들도 연못가의 나무 위에서 잠이 들어 고요한 시간에, 도를 찾아 길 떠나온 스님이 달 빛 아래서 정적를 깨뜨리고 어느 집 대문을 두드리며 하룻밤 묵어가기를 청하고 있다.

이 시는 가도(賈島)의 퇴고(推敲)에 얽힌 이야기로 유명한데 "새는 못가의 나무에서 잠이 들고, 스님은 달빛 아래 문을 두드리네. (鳥宿池邊樹 僧敲月下門)"라는 시를 지어놓고 두드린다 고(敲)와 밀다 추(推)라

21) 가도(賈島, 779-843)는 당나라의 시인, 승려이다. 자는 양선(浪仙) 또는 낭선(閬仙), 법명은 무본(無本)이다. 송나라 시인 소동파는 맹교(孟郊)와 함께 '교한도수(郊寒島瘦)'라 불렀으며, 또 '퇴고(堆敲)'라는 말을 낳기도 하였다. 오언 율시에 능했으며, 저서에 『정강집』외 3권이 있다.

는 두 글자를 그는 '문을 두드리네(敲)' 라고 할까? 고민하며 '문을 미네(推)' 라고 할까 고민하며 나귀 위에서 두드리는 동작과 미는 동작을 반복하다가 경조윤(京兆尹)으로 있던 한유(韓愈)의 행차와 맞부딪쳤다. 한유 앞에 나아가 그 사실을 소상히 말하였는데, 한유로부터 '퇴(推)' 자보다 '고(敲)' 자가 나음을 들었다고 한다. 그로부터 시문(詩文)을 다듬는 것을 퇴고(推敲)라 부르게 된 것이 여기서 비롯되었다고 한다.

휘영청 달 밝은 밤에 달그림자 비친 물 위로 배를 저어가면 노 끝이 물 속의 달 그림자를 건드리고 달 그림자가 물결 따라 너울 댄다. 작가는 이것을 "노가 달 그림자를 뚫고 (棹穿月)"라고 읊었으며, 배가 지나가며 물 속에 비친 하늘을 가리는 것을 "배는 하늘을 누르네 (船壓天)" 라고 표현했는데, 표현의 압권(壓卷)이다. 특히 뚫고(穿)와 누르네(壓)는 이 시를 풍성하게 해주는 시구의 백미(白眉)라고 할 수 있다.

3구와 4구는 1000여년 전 당나라 가도와 고려 사신 사이에 얽힌 일화로 유명한데, 중국 송나라 때 호자(胡仔)[22] 가 지은 『초계어은총화(苕溪漁隱叢話)』에 전해진다.

당시에 한시 실력이 뛰어났던 고려의 사신이 시 짓기 시합에서 매번 당나라 대신들을 골탕 먹이자 이에 화가 난 당나라 대신들이 천재 시인 가도(賈島)를 뱃사공으로 위장시켜 시 짓기 시합을 하였다고 한다.

고려의 사신이 "물새는 떴다가 다시 잠기고, 산 구름 끊겼다 다시 이어져 (水鳥浮還沒, 山雲斷復連)"라는 시를 짓고 어려워 하자 뱃사공으로 위장한 가도(賈島)가 이어서 "노는 물결 아래 달을 뚫고, 배는 물 가운데 하늘을 누르네 (棹穿波底月, 船壓水中天)"라는 구절을 읊어 고려의 사신을 오래도록 감탄하게 만들었다는 이야기가 전한다.

---

22) 호자(胡仔, ?~?) 중국 송(宋)나라 때의 적계(績溪)사람. 자(字)는 원임(元任). 벼슬은 진릉령(晉陵令)이 되었다가 뒤에 오흥(吳興)의 초계(苕溪)에서 거처하였는데, 그로 인해 스스로를 초계어은(苕溪漁隱)이라고 불렀다. 『초계어은총화(苕溪漁隱叢話)』전후집 100권을 편찬하였다.

3-20

높은 산에는 흰 구름 피어나고
평평한 언덕에 향기로운 풀이 푸르네
물과 하늘은 이어져 함께 푸르고
바람은 달과 어우러져 맑아라

高山白雲起　平原芳草綠
고 산 백 운 기　평 원 방 초 록
水連天共碧　風與月雙清
수 련 천 공 벽　풍 여 월 쌍 청

【출전】 3, 4구 조하(趙嘏)의 강루서감(江樓書感)

하늘에 닿을 듯 높이 솟은 산꼭대기에 둘러선 운무를 보고 있노라면 산 아래 어디쯤에 사람 사는 마을에서 피어오르는 연기처럼 황홀하여 자신이 마치 신선이 된 듯한 느낌을 받게 된다.

긴 겨울의 침묵을 깨고 드넓은 평원을 가로질러 가물가물 아지랑이 피어오를 때쯤이면 이름도 알 수 없는 봄 풀과 꽃들이 여기저기 앞다투어 기지개를 켠다. 이따금 불어오는 훈풍에 실려온 초록 풀냄새와 꽃향기에 코끝을 물들이며, 화자는 봄기운이 넘실대는 드넓은 평원을 바라보고 있다.

3구와 4구는 당(唐)나라 후기 시인인 조하(趙嘏)[23] 의 '강가 누각에서 감회를 쓰다.『강루서감(江樓書感)』'이라는 시구절과 유사한데, 강가의 누각에 올라가 지금은 떠나서 없는 사람을 추모하며 노래한 한시로,

23) 조하(趙嘏, ?~?) 당대(唐代) 후기의 시인. 자는 승우(承佑). 중국의 산음(山陰)사람이고, 회창(會昌) 연간에 진사가 되었다고 하며, 위남의 현위를 지냈다고 한다. 칠언율시에 재능을 보였고, 작품집으로『위남집(渭南集)』이 있다.

여기에서는 수평선 끝은 하늘색과 물의 색이 함께 만나 푸르게 보이고, 밝은 달빛이 훤히 비치는 강가에 불어오는 바람은 상큼하게 맑을 것이라고 표현하고 있으나 원문의 기구에 보이는 독(獨)자와 전구의 동(同)자가 잘 대비되며 한층 고독감을 불러일으켜서 인생무상의 감회를 잘 드러내고 있는 시이다.

3-21

산 그림자는 밀어내도 나가지 않고
마당 위 달빛은 쓸어도 다시 생겨나네
물새는 물위로 떠올랐다 도로 잠기고
산의 구름은 흩어졌다 다시 이어진다네

山影推不出　月光掃還生
산영퇴불출　월광소환생
水鳥浮還沒　山雲斷復連
수조부환몰　산운단부련

【출전】 1, 2구 유몽인(柳夢寅)의 백련초해(百聯抄解)
3, 4구 호자(胡仔)의 초계어은총화(苕溪漁隱叢話)

1와 2구는 『백련초해』의 "산 그림자는 문에 들어오니 밀어내도 나가지 않고, 달빛은 마당에 퍼져 쓸어도 다시 생기네. (山影入門推不出 月光鋪地掃還生)"에서 인용한 듯하다.

산 그림자, 달빛, 물새 그리고 산 구름은 쓸쓸함과 외로움을 느끼게 하는 시어들이다. 자연은 인간에게 아름다움과 위대함을 선사하기도 하지만 때로는 이처럼 적막과 고독감을 느끼게도 해준다.

초저녁달이 느리게 떠오를 때 마을로 향하는 산 그림자도 대문을 거쳐 방안까지 들어와 긴여운을 남기는데, 혼자 남겨진 방안에 드리운 산 그림자는 외로움을 더욱 부추긴다. 고독을 지우고 쓸어낸들 밀려드는 외로움은 방안에까지 밀려들어 온 산 그림자만큼이나 크고 무겁기만 하다.

중국 송(宋)나라 때 호자(胡仔)가 편찬한 『초계어은총화(苕溪漁隱叢話)』에 일화가 전하는 3구와 4구는 '출렁이는 물결을 타며 이따금 먹이를 찾아 자맥질하는 물새들 때문에 물에 비친 산 그림자도 그에 따라 보였다 보이지 않았다.' 고 한다는 서경구(敍景句)에서 인용하였다.

높은 산에는 구름이 걸려 있는 경우가 많은데, 이 때 뭉치고 흩어지는 구름을 끊어졌다가 다시 이어진다고 본 것이다. 구름은 바람의 방향에 따라 쉼 없이 흘러 다니면서 모임과 흩어짐을 반복할 뿐인데, 우리네 인생이란 이처럼 회자정리(會者定離)와 거자필반(去者必返)의 반복인 것이다.

3-22

달이 옮겨가니 산 그림자 고쳐지고
해 저무니 누각의 흔적이 사라지네
하늘은 높아서 올라가도 잡을 수 없고
꽃이 시드니 나비조차 찾지를 않네

月移山影改　日下樓痕消
월 이 산 영 개　일 하 루 흔 소
天長去無執　花老蝶不來
천 장 거 무 집　화 로 접 불 래

【출전】 1, 2구 김병연(金炳淵)의 '하늘은 높아 올라가도 잡을 수 없고(天長去無執)'

이 시는 방랑시인 김병연(金炳淵)[24] 이 어느 가난한 산골 집에서 하룻밤 신세를 지며 그곳의 풍경을 노래한 시 “하늘은 높아 올라가도 잡을 수 없고 (天長去無執)”에 나오는 싯구로 한자의 독음을 따서 재미를 더하는 차자놀이를 활용한 파격시(破格詩)이다.

빛과 그림자는 항상 상반된 위치에서 서로를 바라보고 있다. 초저녁에 달이 동쪽에서 떠오르면 산 그림자는 서쪽으로 위치하고, 새벽녘 달이 서쪽으로 기울어지면 반대로 산 그림자는 동쪽으로 늘어지게 된다.

해가 지고 어두운 밤이 되면 멀리 보이던 누각도 어둠 속에 묻혀 그 존재조차 확인이 어렵게 된다. 이 모든 것이 자연의 질서이자 우주의 섭리인 것이다. 사람이 임의로 정한 일력과 월력의 주기에 어쩌면 우리 스스로가 매몰되어 자기 자신마저 망각하며 살아가는 것은 아닐까?

주역에 하늘은 불멸의 존재요, 영원히 살아 있는 힘이고, 죽지 않는 마음이라고 하였다. 그 높이의 광활함은 무엇으로도 가늠할 수 없다.

꽃은 색깔과 향기를 세상에 내어줌으로써 자신을 자랑하지 않아도 곤충과 사람의 눈길을 머무르게 하는 힘이 있다. 그러므로 그러한 인간적인 색깔과 향기로운 인격을 지닌 사람이야말로 타인의 마음을 머무르게 하는 힘의 근원이 되는 것이다.

---

24) 김병연(金炳淵, 1807~1863) 시인. 본관은 안동. 자는 성심(性深), 호는 김립(金笠) 또는 김삿갓이다. 당시 무너져가는 신분질서를 반영하여 풍자와 해학을 담은 시를 집필했다. 대표작으로 『김립시집』이 있다.

3-23

초승달은 장군의 활이요
별똥별은 장군의 화살이네
땅을 깨끗하게 쓰니 황금이 나오고
문을 여니 모든 복이 들어오네

初月將軍弓　流星壯士矢
초 월 장 군 궁　류 성 장 사 시
掃地黃金出　開門萬福來
소 지 황 금 출　개 문 만 복 래

【출전】 1, 2구 굴원(屈原)의 근심을 만나다(이소 離騷)

독창적이며 개성적인 시인으로 '근심을 만나다.『이소(離騷)』'로 잘 알려진 굴원(屈原)[25] 이 쓴 오언절구의 한시에서 인용하였다.

자연현상을 내면화하여 재미있게 표현하였는데, 초승달은 음력 초사흗날에 나타나는 오른쪽이 둥근 눈썹 모양의 작은 달로 처음 생겨나기 시작하는 달이니 그 모양이 마치 장군의 활과 같이 보였을 것이고, 별똥별은 유성체가 지구 대기로 들어올 때 마찰에 의해 가열되어 긴 꼬리를 내며 떨어지는 것으로 마치 활시위를 떠난 장군의 화살처럼 빠르게 지나감을 이와 같이 노래하였다.

3구와 4구는 봄을 반기는 문구처럼 집안의 태평을 기원하고, 넉넉한 봄을 맞이하기 위해 입춘첩(立春帖)으로 많이 쓰는 구절이다. 빗자루로 땅을 쓴다거나 문을 연다고 해서 실제로 황금이 나온다던가 모든 복이

25) 굴원(屈原, 기원전 343년~기원전 278년)은 중국 전국 시대 초나라의 시인이며 정치가다. 성은 미(芈), 씨는 굴(屈), 이름은 평(平)이다. "원"은 이름이 아니고 자(字)다. 초나라 왕족으로 회왕 때 좌도에 임명되었으나 모함을 받고 자살하였다. 작품으로『어부사』,『천문』등이 있다.

들어오는 것이 아니다. 근면 성실한 생활을 통해 부귀하고 영화로울 수 있다는 것을 강조한 말이다.

명심보감 정기편(正己篇)에는 큰 부자는 하늘에서 내고 보통의 부자는 부지런함에서 이루어진다고 했다. 그러하니 부지런함이란 그 가치를 따질 수 없이 소중한 것이 아니겠는가?

3-24

새는 꽃 사이의 나비를 쫓고
닭은 풀 속의 벌레를 다투어 잡네
새 지저귀니 뱀이 나무에 오르고
개 짖어대니 길손이 문밖에 이르렀나

鳥逐花間蝶　鷄爭草中蟲
조 축 화 간 접　계 쟁 초 중 충
鳥喧蛇登樹　犬吠客到門
조 훤 사 등 수　견 폐 객 도 문

이 시를 읽으면 풀과 벌레를 즐겨 그렸던 신사임당의 『초충8곡병풍』을 보고 있는 듯하다. 허기를 채우려 먹이를 찾아 꽃 사이와 풀숲을 헤매는 새와 닭의 치열한 생존 본능을 시적으로 표현하였다.

한적한 시골집에 찾아오는 사람이 없어 쓸쓸하게 지내고 있는데 뒤뜰 감나무 위에 둥지를 튼 새들이 지나치게 시끄럽게 지저귀는 소리에 나가보니 새의 새끼를 잡아먹으려고 뱀이 나무에 오르고 있다.

해가 뉘엿뉘엿 지는 저녁나절 사립문 밖에서 개가 짖는 소리가 들려온다. 올 사람도 기다릴 사람도 없는데 개짖는 소리에 혹시나 길손이 문에 당도한 것이 아닌가 하고 느낌을 표현하고 있다.

위의 내용은 한가로운 시골살이를 겪어 본 사람이라면 누구든지 보아왔던 눈에 익숙한 장면일 것이다. 지금은 시골 구석구석까지 차도(車道)가 발달하고 교통수단이 좋아서 오고 감이 쉽게 이루워지지만 이 시를 썼을 당시의 산중 시골에서의 생활이란 거의 유배나 다를 바 없었을 것이다.

이 시를 읽어보면 화자는 새와 닭 그리고 뱀을 관찰하며 여유있게 바라만 보고 있으며, 상황에 적극적인 개입이 없다, 또한 개짓는 소리에 '그저 손님이 왔겠지!' 하는 생각에 머무르고 있다.

자연을 즐기며 시골생활의 여유를 누리는 시적화자의 모습을 표현하고 있지만 인간관계의 고독 내지 쓸쓸함의 여운이 풍기는 작품이다.

3-25

높은 봉우리는 하늘을 지탱하여 서 있고
길고 긴 강은 땅을 가르며 흘러가네
푸른 바다는 황룡의 집이 되고
푸른 소나무는 흰 학의 누대로다

高峯撑天立　長江割地去
고 봉 탱 천 립　장 강 할 지 거
碧海黃龍宅　靑松白鶴樓
벽 해 황 룡 택　청 송 백 학 루

중국의 대표적인 강으로 황하(黃河)와 양자강(揚子江)이 있는데, 이 둘의 공통점은 서쪽에서 발원하여 동쪽으로 물길이 흐르는 서출동류(西出同流)하는 강이다. '하(河)' 또는 '강(江)'이라고 부르는 이유는 하(河)는 물줄기가 굽은 강을 뜻하고, 강(江)은 곧고 반듯한 것을 뜻하기 때문이다. 따라서 '하'는 굽이쳐 흐르는 강 (곡강 曲江)이고, '강'은 곧게 흐르는 강 (직강 直江)을 뜻하는 것이다. 예전에는 정승판서가 마음이 곧고 공심(公心)이 많으면 양자강 같다고 했으며, 사심곡절(私心曲折)이 많고 마음이 탁하면 황하 같다고 비유하기도 하였다.

양자강 주변에 깎아지를 듯 서있는 기암괴석의 높은 산이 마치 하늘을 떠받치고 있는 듯하고, 강의 길이와 폭이 넓어 하늘에서 보면 마치 중국 대륙을 가르며 흘러가는 것과 같음을 표현한 것이다. 총길이가 6,300Km로 세계에서 3번째로 긴 양자강을 일반적으로 장강(長江)이라고 부르는데, 장강의 크기는 폭이 넓은 곳에서는 사방을 보아도 육지가 보이지 않을 정도로 넓고, 장강의 지류인 소삼협(小三峽)만 하더라도 그 길이가 400㎞가 넘는다고 한다.

3구와 4구는 상상적인 동물인 누런 용이 여의주를 물고 승천하기 전에 물속에 웅크리고 있다고 하여 바다를 용이 머무르는 집으로 표현하였다. 또한 학의 고고한 기품과 장수를 상징하는 학이 소나무 위에서 날개를 접고 쉬고 있는 것을 소나무가 마치 학을 위한 누대처럼 느껴진다고 표현하였다.

3-26

달은 오동나무 위에 이르고
바람은 버드나무 가로 불어오는데
뭇 별들은 푸른 하늘에 진을 치고
지는 잎은 가을 산에서 싸움을 하네

月到梧桐上　風來楊柳邊
월 도 오 동 상　풍 래 양 류 변
群星陣碧天　落葉戰秋山
군 성 진 벽 천　락 엽 전 추 산

예부터 '봉황새는 대나무 열매만 먹고, 집은 오동나무에만 짓는다.' 라고 할 만큼 오동나무는 귀하게 여겼던 나무였고, 아들을 낳으면 소나무를 심고, 딸을 낳으면 오동나무를 심어 결혼할 때 그 오동 나무를 베어 가구를 만들어 보냈다고 하여 오동나무는 복을 주는 상서로운 내 나무로 뭇사람들의 사랑을 받아왔다.

가을을 대표하는 노래의 소재로도 달과 함께 많이 불리었으며, 송나라의 유학자 주희(주자)는 "소년은 늙기 쉽고 학문은 이루기 어려우니, 일촌의 시간도 가벼이 여기지 말라. 연못가의 봄풀의 꿈이 깨기도 전에, 계단 앞 오동잎은 가을 소리를 내는구나. (少年易老學難成一寸光陰不可輕 未覺池塘春草夢 階前梧葉聲)"라고 하여 노력하지 않는 젊은 날을 경계할 것을 권학문(勸學文)으로 지어 불렀다.

선선해진 날씨로 가을날 국화 향기가 무르익을 무렵에 오동나무 위로 달이 두둥실 떠오르고, 갈바람이 버들가지를 스칠 때 즈음이면 가을이 다가오고 있음을 느낄 수 있다.

만물이 침잠하고 소슬바람이 부는 가을밤, 어둠 속 어디선가 고운 음을 퍼뜨리는 풀벌레 소리를 듣다가 올려다본 하늘에 촘촘히 박혀 반짝이는 별들은 열병식을 벌이는 군대의 모습과도 같음을 시각적으로 표현하였다. 떨어져서 바람에 여기저기 뒹구는 낙엽은 마치 낮은 포복을 하며 전쟁을 치루는 병사들의 모습을 비유적으로 표현하고 있다.

3-27

잠긴 물고기는 맑은 물결 위로 뛰놀며
예쁜 새는 높은 가지에서 우는구나
비 온 뒤 산골 물은 비파소리를 내고
바람 앞의 소나무는 거문고를 연주하네

潛魚躍淸波　好鳥鳴高枝
잠 어 약 청 파　호 조 명 고 지
雨後澗生瑟　風前松奏琴
우 후 간 생 슬　풍 전 송 주 금

【출전】 1, 2구 이백(李白)의 효청(曉晴)

1구와 2구는 당나라 최고의 시인이자 시선(詩仙)으로 일컬어지며 낭만주의를 대표했던 이백(李白)의 '비 그친 새벽 『효청(曉晴)』' 이라는 시구에서 인용한 듯하다.

겨우내 얼었던 연못의 얼음이 봄바람에 녹을 무렵, 봄을 기다렸다는 듯이 물고기가 푸른 물이 가득한 연못 위로 뛰어오르는 시각적인 모습과 봄기운에 취한 꾀꼬리가 나무 위에서 지저귀는 청각적인 표현이 긴 겨울을 끝내고 봄을 맞이하는 정취를 대변하고 있는 듯하다.

지난밤에 내린 봄비가 온 산을 적시고, 산골짜기로 흘러드는 물이 굽이굽이 계곡을 돌아 흐르며 바위와 자갈에 부딪히는 소리가 마치 비파소리처럼 들린다고 표현하였다.

비가 그친 봄날 소나무 사이로 풀 내음 가득 안고 지나가는 바람이 솔잎을 흔들며 내는 소리를 마치 소나무가 거문고를 연주하는 듯한 소리로 들린다고 하여 봄날 자연의 경치를 청각적으로 표현하고 있다.

이 시는 물과 물고기, 새와 나무, 시냇물과 비파, 바람과 거문고라는 상호 관련 있는 단어로 조합하였는데, 화자의 시선이 가까운 곳에서 먼

곳으로, 시각에서 청각으로 이동하고 있어, 계절의 변화를 조망하며 유유자적하는 은자(隱者)의 정적인 모습을 떠오르게 한다.

3-28

말은 천리의 길을 가고
소는 백 이랑의 밭을 일구네
말이 길을 가니 망아지가 뒤따르고
소가 밭을 가니 송아지 들판에 누워 있구나

馬行千里路　牛耕百畝田
마 행 천 리 로　우 경 백 무 전
馬行駒隨後　牛耕犢臥原
마 행 구 수 후　우 경 독 와 원

이 시는 천리를 달리는 말의 힘과 백이랑의 밭을 가는 소의 우직함처럼 모두가 각자의 소임을 다해야 함을 이야기하고 있다. 소와 말은 근면과 성실의 대명사로 오래전부터 인간에겐 친근한 존재이자 노동력과 육상 교통수단을 제공하던 없어서는 안 될 소중한 가축이었다.

'牛行千里(우행천리)'라는 말이 있다. 소의 걸음이 천리를 가니 끈기를 가지고 쉬지 않고 행한다면 언젠가는 오랜 꿈을 이룰 수 있다는 말이다. 이 성어에 대한 출전(出典)은 분명치 않지만 아마도 "말은 천리의 길을 가고 소는 백 이랑의 밭을 가네. (馬行千里路 牛耕百畝田)"라는 1구와 2구를 변형하여 만들어진 말이 아닌가 싶다.

세상은 빠르게 변하고 그 변화에 적응하지 못하면 낙오자로 시대에 뒤떨어진 구식처럼 취급받기 쉬운 것이 요즘의 세상이다.

그래서 빨리 빨리가 당연시 받아들여지고 익숙해져 말과 행동도 원색적이고, 사랑과 정(情)마저도 순백의 청아함과 담백함을 잃어버리고, 달콤과 화끈으로 변하였는지도 모를 일이다.

주역(周易) 중천건(重天乾)에 '건건(乾乾)과 불식(不息)'이란 말이 나온다. "군자가 종일토록 건실한 자세를 유지하면서 저녁까지 자세가 흐트러지지 않는다면 허물이 없다."고 하였으니 하늘이 쉬지 않고 운행하는 것처럼 사람도 각자 자신의 발전을 위해 소와 말의 우직함으로 '반드시 참을성이 있어야 일을 이룰 수 있다.『必有忍 其乃有濟 (서경 書經)』' 는 것이다.

3-29

개가 달려가니 매화꽃이 떨어지고
닭이 걸어가니 댓잎이 무성하네
죽순은 누런 송아지 뿔이요
고사리순은 어린아이 주먹이로다

狗走梅花落　鷄行竹葉成
구 주 매 화 락　계 행 죽 엽 성
竹筍黃犢角　蕨芽小兒拳
죽 순 황 독 각　궐 아 소 아 권

【출전】3, 4구 유몽인(柳夢寅)의 백련초해(百聯抄解)

조선조 광해군 때의 학자인 유몽인(柳夢寅)[26] 의 어우야담(於于野談)에는 문신 채수(蔡壽)에게 나이가 대여섯 살인 손자 무일(無逸)이 있었

26) 유몽인(柳夢寅, 1559~1623) 문신, 자(字)는 응문(應文), 호(號)는 어우당(於于堂), 간재(艮齋) 묵호자(默好子), 본관은 흥양(興陽)이며 이괄(李适)의 난에 처형되었다. 저서로는『어우야담(於于野談)』,『어우집(於于集)』등이 있다.

다고 한다. 1구와 2구는 손자 무일(無逸)이 어린 나이에 할아버지의 시에 대구(對句)하여 지은 시라고 전해진다.

매화와 대나무는 변치 않는 군자의 지조와 절개에 가장 많이 비유되는 상징물이다. 함박눈이 내려 세상이 온통 하얀 눈으로 덮일 때 땅 위로 이리저리 찍힌 개의 발자국을 바라보며 마치 매화꽃이 눈 위에 떨어진 듯한 느낌을 표현한 것이다. 또한 눈 위에 찍힌 닭의 발자국 모양이 대나무 잎을 그려놓은 것 같음을 표현한 것으로 눈 오는 날 풍경을 묘사한 것이다.

3구와 4구는 『백련초해』의 구절에서 인용하였다. 비가 온 뒤에 땅을 비집고 뾰족하게 튀어나온 죽순이 마치 송아지의 머리에 막 자라나기 시작한 뿔과 같고, 고사리순의 오그라진 모습은 어린아이의 주먹과 같다고 말하고 있다. 개의 발자국을 매화꽃으로, 닭의 발자국을 댓잎으로, 죽순을 송아지 뿔로, 고사리순을 어린아이의 주먹으로, 사물 사이의 유사성을 들어서 은유한 것이 참신하게 다가오는 시이다.

3-30

하늘은 맑은데 외기러기는 멀리 날고
너른 바다에 돛단배 한 척 더디게 가네
꽃은 문장 나무에서 피어나고
달은 장원봉에서 나오는구나.

天清一雁遠　海闊孤帆遲
천 청 일 안 원　해 활 고 범 지
花發文章樹　月出壯元峰
화 발 문 장 수　월 출 장 원 봉

【출전】 1, 2구 이백(李白)의 장사인지강동(送張舍人之江東)

이백의 '강동으로 떠나는 장사인을 전송하다. 『송장사인지강동(送張舍人之江東)』' 라고 하는 시 구절의 일부로 명구(名句)로 꼽힌다. 『이태백집(李太白集)』 16권에 실려 있는데, 장사인(張舍人)은 장씨성(張氏性)을 지니고 사인(舍人) 벼슬을 하던 어떤 사람이 강동(江東)으로 돌아가므로 그를 진나라 사람 장한(張翰)에 빗대어 전송하며 다시 만날 기약이 없는 애석한 마음을 시로 표현한 것이다.

서늘한 가을바람이 부는 맑은 가을하늘엔 길을 찾아 기러기 한 마리가 외로이 날아가고, 드넓은 바다에 느리게 흘러가는 한 척 돛단배마저도 느리게 흘러가고 있음을 대비시켜 막막하고 적막한 가운데 외로움이 한층 고조되고 있음을 알 수 있다.

3구는 과거시험에서 답안지를 채점할 때 잘된 자구(字句)와 문장(文章)에 점을 찍고(비점 批點) 시문의 잘된 곳에 동그라미(관주 貫珠)를 표시하여 훌륭함을 표시하였는데, 이를 문장 나무에 꽃이 피었다고 표현한 것이다.

또한 4구에서 웅장하게 솟은 장원봉 위에 달이 솟는다고 표현한 것은 화려한 문장과 문체로 과거에서 수석을 차지한 사람의 영광을 표현한 것이다.

과거제도는 고려 광종 때(958년)에 시작되어 약 천년 가까운 세월 동안 그 제도가 유지될 수 있었던 이유는 법을 집행하는 관리를 선발하는데 그래도 공정한 시험 외에는 마땅한 대안이 없었기 때문이었다. 물론 고려나 조선시대에 음서제(蔭敍制)가 있기는 하였으나 시쳇말로 아빠 찬스의 대명사처럼 지탄을 받았기 때문이다.

3-31

버드나무 빛깔은 황금같이 곱고
배꽃은 흰 눈처럼 향기롭구나
맑은 물은 갈매기 앞의 거울이고
푸른 소나무는 학 뒤의 병풍이네

柳色黃金嫩　梨花白雪香
류 색 황 금 눈　리 화 백 설 향
綠水鷗前鏡　青松鶴後屛
록 수 구 전 경　청 송 학 후 병

【출전】 1, 2구 이백(李白)의 궁중행락사팔수(宮中行樂詞八首)

이백(李伯)의 '궁중 행락의 노래 8수『궁중행락사팔수(宮中行樂詞八首)』' 중의 제 이수(二首)에 있는 구절에서 인용하였다. 궁중의 아름다운 경치를 노래하고 있는 이 시는 당나라 현종이 봄날을 즐기다가 술에 취한 시인 이백을 불러 짓게 하였다는 노래이다.

이백은 형식이 엄격한 근체시를 즐겨 짓지 않았으므로 현종이 그의 실력을 시험하기 위해 율시(律詩)를 짓게 하였다고 한다. 이백은 궁중행락사 10수를 지어 바쳤는데, 훗날 귀비(貴妃)에 오르는 양태진(楊太眞)과 궁녀들의 아름다운 자태를 뛰어나게 묘사하였다고 하며, 현재 전해지는 것은 그중 8수이고 당나라 시대에 만들어진 근대곡사(近代曲辭) 중의 하나이다.

이백이 이 연작시에서 묘사하고자 했던 것은 군왕의 사치스러운 생활과 나른한 행복감이다. 버드나무가 황금처럼 보이고, 배꽃이 향기로웠을 장안의 왕족들이 부르는 행복한 봄노래와는 달리 불우했던 선비의 우울한 가을노래와는 극단적인 대조를 보인다.

3구와 4구는 자연물의 속성을 활용한 은유의 표현으로 아름다움을 노래하고 있다. 날아가는 갈매기와 그 아래 펼쳐진 맑은 바다의 물이 갈매기의 모습을 비추고 있으니 사물에 모습을 담는 거울로 비유하여 표현하였고, 학들이 노니는 푸른 소나무가 펼쳐진 자연의 아름다움이 곧 학을 감싸고 있는 자연의 병풍처럼 느껴졌을 것이다. 웅장한 대자연의 풍경을 인간의 문명에 담아 표현하는 작가의 시심이 얼마나 아름다운지 느낄 수 있다.

3-32

비는 창포의 칼을 갈고
바람은 버드나무 머리칼을 빗질하도다
물오리는 푸른 바다를 갈며 떠나가고
백로는 푸른 산을 가르며 오는구나

雨磨菖蒲刀　風梳楊柳髮
우 마 창 포 도　풍 소 양 류 발
鳧耕蒼海去　鷺割靑山來
부 경 창 해 거　로 할 청 산 래

우리나라 3대 명절 중의 하나였던 음력 5월 5일인 단오날에는 여러 가지 세시풍속 놀이를 하며 창포물에 머리 감기를 하는데, 창포물을 통해 잡귀를 쫓아낼 수 있다고 믿었기 때문이다. 우리나라 전국 각지 어디에서나 잘 자라는 다년생 풀인 창포 잎사귀는 칼의 모양인데 봄비 속에서 바람에 살랑살랑 일정한 방향으로 흔들리는 모습이 마치 숫돌에 칼을 가는 것처럼 느끼고 있음을 표현했다.

시골길을 걷다가 가지를 길게 늘어뜨리고 이리저리 흔들리는 능수버들을 보면 잘 빗겨진 여인의 머리칼을 떠오르게 한다. 머리칼이 바람에 휘휘 흔들릴 때마다 연녹색 물감이 흩어지는 듯하다. 화자는 늘어진 버드나무 가지 사이로 부는 바람이 마치 헝클어진 여인의 머리를 빗질하는 것으로 표현하고 있는데, 자연을 바라보는 화자의 시선이 예리하고 상상력이 아름답게만 느껴진다.

봄이 되면 논을 쟁기로 갈아엎고, 초여름이 되면 물 논을 평평하게 만드는 작업을 써레질이라고 한다. 써레질은 모내기 직전에 하는 마지막 작업으로 푸른 바다를 떠다니는 물오리가 물 위에서 헤엄칠 때 수면 아래에서 발을 놀리는 모습이 마치 농부가 모심기를 하기 위해 써레로 논을 가는 것과 같다는 느낌을 말하고 있다. 또한 푸른 산을 향해 날아가는 백로를 보고 있노라면 백로가 산을 좌우로 가르며 날아가는 것처럼 느껴짐을 표현한 것이다.

봄에서 여름으로 넘어가는 계절의 자연 모습과 알을 부화하기 위해 부지런히 오가며 둥지를 틀고 먹이를 찾는 물오리와 학의 모습이 마치 일년 농사를 준비하는 부지런한 농부의 모습처럼 느껴진다.

3-33

꽃이 붉으니 누런 벌들이 바삐 날고
풀이 푸르니 흰 말이 즐거이 운다
산중에 내리는 비는 밤새 대숲을 울리고
풀벌레는 가을에 침상으로 들어오네

花紅黃蜂鬧　草錄白馬嘶
화 홍 황 봉 뇨　초 록 백 마 시
山雨夜鳴竹　草蟲秋入牀
산 우 야 명 죽　초 충 추 입 상

【출전】 1, 2구 유몽인(柳夢寅)의 백련초해(百聯抄解)
3, 4구 정철(鄭澈)의 추일작(秋日作)

『백련초해』의 "꽃 만발한 작은 정원엔 누런 벌들이 시끄럽게 날고, 푸른 긴 언덕엔 백마가 울고 있네. (花紅小院黃蜂鬧 綠長堤白馬嘶)"에서 1구와 2구를 인용하였다.

꽃은 자기가 뿌리내린 그 자리에서 아름다운 향기와 예쁜 빛깔로 피어오를 뿐 도도한 여인처럼 상대에게 다가가지 않는다. 꽃이 각양각색으로 만발할 때면 사람은 마법의 언어에 이끌리듯 꽃에게로 와서 감탄과 찬사를 쏟아낸다.

벌들은 꽃의 꿀을 따기 위해 몰려드는데, 이때 왕성한 벌의 날갯짓이 시끄러울 정도로 들리는 것이다. 벌은 부지런히 꿀을 모으지만 꽃에 상처를 남기지 않는다. 이 얼마나 아름다운 자연의 공존인가?

동서양을 막론하고 고대부터 흰말은 상서로움의 상징이었다. 신라의 시조 박혁거세의 신화에 육부의 조상들이 자신들의 왕을 맞이할 때 흰 말 한 마리가 꿇어앉아 절하는 형상을 보고 훗날 자신들의 왕이 되어 줄 알을 찾았다고 한다.

봄은 색의 파노라마이며 생명에게는 절정의 경지다. 그래서 봄은 생명을 이어주며 잉태하는 상서로움 그 자체이니 흰말이 나오는 것이다.

봄에 나온 풀이 자라 어느 정도 우거질 즈음이면 말들을 초원에 방목하는데, 허기진 배를 채우기 위해 풀을 뜯는 한가로운 말의 모습이 평화롭고 아름답기만 하다.

3구와 4구는 조선 중기의 문신이자 가사문학의 대가인 송강 정철(鄭澈)의 '가을에 쓰다. 『추일작(秋日作)』'에 나오는 시구이다. 겨울을 재촉하는 가을은 모두에게 쓸쓸한 마음을 갖게 한다. 화자는 밤에 촉촉하게 내리는 가을비가 한적한 시골집 뒷 뜰에 서 있는 대나무를 서럽게 울리고 있다고 말하고 있다.

화자 자신은 흐르는 세월 앞에 어찌할 수 없이 백발만 늘어 인생무상을 느끼는 것이다. 자신의 울적한 마음을 대나무의 울음에 감정이입하여 표현하고 있다. 바람 부는 날 서러운 대숲은 바람의 집이 된다. 바람이 조금만 불어도, 가랑비가 조금만 흩뿌려도 대나무 숲은 소리내어 흐느낀다. 대숲의 소리는 시인의 마음에 청자빛 무늬를 그려 넣는다.

처서가 지나면 가을 숲은 온갖 풀벌레들의 음악 공연장이 된다. 가을 풀벌레는 숲의 점령군이 되어 목청 높여 가을~ 가을~ 노래하고 있다.

산사에서 듣는 풀벌레 소리는 풍경소리와 어우러져 또 다른 느낌으로 다가온다. 적막함이 구름처럼 깔려 있는 산사의 툇마루에 앉아 무시로 들려오는 자연의 소리에 귀를 기울이고 있노라면 문득 산다는 것의 의미가 되살아 나고 꼭 신선의 세계에 들어온 듯 마음이 정갈해진다.

밤이 되면 바람과 풀벌레 소리가 가까이 들리고 가을 내음이 나기 시작한다. 귀뚜라미, 여치 등 숲의 벌레가 날씨가 차가워지면서 추위를 피하기 위해 사람이 있는 침상으로 들어와서 우는 소리를 통해 계절이 지나가고 있음을 이야기하고 있다.

3-34

아득한 물은 하늘과 이어져 푸르고
서리 맞은 단풍은 해를 향해 붉구나
산은 외로운 둥근 달을 토해내고
강은 만리의 바람을 머금고 있네

遠水連天碧　霜楓向日紅
원수련천벽　상풍향일홍
山吐孤輪月　江含萬里風
산토고륜월　강함만리풍

【출전】 3, 4구 이이(李珥)의 화석정(花石亭)

맑은 물이 수평선 멀리에서 하늘과 닿아 있어 물빛과 하늘빛이 함께 푸른 것을 표현하였으며, 뉘엿뉘엿 저물어가는 햇빛을 받아 파랗게 반짝이는 강물과 가을 햇살 아래에서 불붙는 듯이 빨갛게 불타오르는 서리 맞은 단풍과 임진강을 비추며 떠오르는 보름달, 그리고 그 강가에는 언제나 서늘한 바람이 찾아오기 때문에 강바람이 만리에 걸쳐 끊임없이 불어온다고 하고 있다.

이 시의 3구와 4구는 퇴계 이황과 함께 조선 성리학의 양대 산맥으로 일컬어지던 율곡(栗谷) 이이(李珥)[27]가 8세에 파주(坡州)의 임진나루 벼랑에 지어진 화석정(花石亭)에 올라서 가을의 풍경을 읊은 오언율시에서 인용하였다.

시의 격식과 운치에 어울리는 가락이 함께 어우러져 시율에 능한 사람도 가히 따를 수 없을 정도로 완벽함을 보이고 있다.

27) 이이(李珥, 1536~1584) 자(字)는 숙헌(叔獻), 호(號)는 율곡(栗谷), 덕수(德水) 사람, 명종때 세 번 과거에 모두 장원하여 문형(文衡)을 받음. 벼슬은 찬성(贊成)에까지 올랐으며 시호는 문성(文成). 문묘에 배향되었다.

3-35

이슬이 맺히니 천 조각 구슬이고
국화가 흩어지니 한 떨기 황금이로다
흰 나비는 흩날리는 눈과 같고
누런 꾀꼬리는 조각조각 황금이로다

露凝千片玉　菊散一叢金
로 응 천 편 옥　국 산 일 총 금
白蝶紛紛雪　黃鶯片片金
백 접 분 분 설　황 앵 편 편 금

【출전】 1구 ~ 4구 유몽인(柳夢寅)의 백련초해(百聯抄解)

이 시의 1구는 『백련초해』의 "이슬이 드리운 버들에 엉겨붙어 『로의수류천사옥(露凝垂柳千絲玉)』"이라는 구절에서 인용한 것이다. 가지 늘어진 버드나무에 이슬 맺히니 천타래의 구슬이로다. 천(千)이나 만(萬)과 같이 '많다'라는 뜻의 숫자를 의미하는 천편옥(千片玉)보다는 3구와 4구에서처럼 분분설(紛紛雪)이나 편편금(片片金)처럼 같은 글자를 반복적으로 쓰는 것이 리듬감이 살아나 음악적이다.

새벽 산책길에서 아침 해가 떠오를 무렵 풀잎이나 꽃잎에 맺혀있는 이슬방울을 볼 수 있는데, 이 이슬방울이 아침햇살을 받아 빛날 때 바라보면 이 세상에서 가장 영롱한 수정구슬처럼 느껴진다. 티 없이 영롱하며 색깔도 냄새도 없이 냉정한 듯 하나 거역할 수 없는 그 맑은 원형의 물방울, 부드러운 듯 하면서도 손댈 수 없이 괴팍한 것이 이슬이다.

바람 차가운 날
국화가 피는 것은,
한 잎 한 잎 꽃 잎을 펼 때마다
품고 있던 향기 날실로 뽑아
바람의 가닥에 엮어 보내는 것은,
생의 희망을 접고 떠도는 벌들
불러 모으기 위함이다
그 여린 날갯짓에
한 모금의 달콤한 기억을
남겨 주려는 이유에서이다
그리하여 마당 한편에
햇빛처럼 밝은 꽃들이 피어
지금은 윙윙거리는 저 소리들로
다시 살아 오르는 오후,
저마다 누런 잎을 접으면서도
억척스럽게 국화가 피는 것은
아직 접어서는 안 될
작은 날개들이 저마다의 가슴에
움트고 있기 때문이다

(국화가 피는 것은 전문, 길상호 · 시인)

길상호 시인은 국화꽃이 피어나는 것을 '생의 희망을 접고 떠도는 벌들을 부러 모으기 위함'이고, 국화꽃이 떨어지는 것은 '벌들의 작은 날개들이 저마다의 가슴에 움트고 있다.'고 말하고 있다. 이 시에서 화자는 가을날 이른 바람에 시들지 않고 떨어져 누운 누런 국화의 잎을 금 조각처럼 보인다고 표현하였다.

『백련초해』의 "꽃 사이 나비춤은 이리저리 흩날리는 눈이요, 버들 위의 꾀꼬리는 조각조각 금이로다. (花間蝶舞紛紛雪 柳上鶯飛片片金)"에서 3구와 4구를 인용하였는데, 흰 나비가 하늘을 떼지어 나는 것이 마치 흰 눈송이가 하늘을 가득 메우고 흩날리는 것과 같음을 표현하였다.

또한 나뭇가지 사이에서 위아래로 날아다니는 꾀꼬리가 마치 황금 조각이 팔랑거리면서 날리는 것과 같음을 표현한 것이다. 시인에 따라 국화꽃을 바라보는 시선이 얼마나 다양하고 아름다운지 느낄 수 있다.

3-36

골짜기 깊어 꽃 피려는 뜻 게으르고
첩첩 산중에 물소리도 그윽하네
얼음이 녹으니 물고기가 처음 뛰어오르고
바람이 온화하니 기러기 돌아가려 하는구나

洞深花意懶　山疊水聲幽
동 심 화 의 라　산 첩 수 성 유
氷解魚初躍　風和雁欲歸
빙 해 어 초 약　풍 화 안 욕 귀

구봉 송익필(龜峯 宋翼弼)[28] 의 '남악에서 놀며『유남악(遊南嶽)』' 라는 시의 2구와 같다. 깊은 산 속의 골짜기는 골이 깊은 이유도 있겠지만 나무가 우거져 하루 종일 햇빛을 받을 수 있는 시간이 평지보다 상대적으로 적다. 또한 골짜기엔 차가운 물이 흐르기 때문에 낮은 기온 때문에 계절의 변화가 늦을 수 밖에 없으므로 시인은 늦은 개화(開花)를 꽃이 피려는 뜻이 게으르다고 재미있게 표현하였고, 첩첩 산중의 깊

28) 송익필(宋翼弼, 1534년~1599년)은 조선 중기의 서얼 출신 유학자, 정치인으로 자(字)는 운장, 호는 구봉(龜峯) 또는 구봉(龜峰), 현승(玄繩), 본관은 여산(礪山)이고 시호는 문경(文敬)이다.

은 골짜기를 흐르는 물은 여러 굽이를 돌아서 흐르기 때문에 그 소리 또한 멀리서 그윽하게 들린다고 말하고 있다.

여행도 통신도 빠른 것만을 추구하는 오늘날의 사회에서 빨리 가야 할 필요가 있을 때가 분명히 있지만 천천히 가는 게 좋을 때도 있다. 인생길에서 산중의 꽃과 물처럼 여유롭게 피어나고 흐른다면 더 크고 좋은 깨달음을 얻을 수 있는 경우가 많을 듯하다. 이 시에 나타난 느림의 미학이 우리에게 깨달음을 주는 또다른 선물일 것이다.

긴 겨울 얼음장 밑을 유영하던 물고기가 얼음이 녹으면서 물 위로 뛰어오르고, 겨울에서 봄으로 넘어가는 계절에 월동하며 눈바람을 즐기던 기러기도 다시 북쪽으로 돌아갈 준비를 하는데, 이 시의 전체적인 분위기는 머지않아 화창한 봄이 오고 있음을 노래하고 있다.

3-37

숲의 시원한 바람이 끊이지 않고
산에 걸린 달은 새벽에도 여전히 밝아
죽순은 뾰족하여 붓끝과 같고
솔잎은 가늘어 바늘 같구나

林風涼不絕　山月曉仍明
림 풍 량 불 절　산 월 효 잉 명
竹筍尖如筆　松葉細似針
죽 순 첨 여 필　송 엽 세 사 침

【출전】 1, 2구 왕진(王縉)의 별망천별업(別輞川別業)
3, 4구 유몽인(柳夢寅)의 백련초해(百聯抄解)

당나라 때 시인 왕진(王縉)[29] 의 '망천의 별장을 떠나며『별망천별업(別輞川別業)』' 라는 시에서 1, 2구를 인용하였다.

망천(輞川)은 지금의 섬서성 남전현 종남산 아래에 있는데, 이 별장은 왕진의 형인 왕유가 만년에 구입하여 은거하였다고 전해진다. 새벽까지 달이 그대로 있고, 숲가에는 바람이 불어 서늘함이 끊어지지 않는다. 이 별장의 바람과 달이 은근한 정으로 전송하니 마치 정이 있는 것 같아 이별은 한층 더 큰 슬픔으로 다가온다.

3구와 4구는『백련초해』의 "죽순은 붓 같지만 글 이루기 어렵고, 솔잎은 바늘 같지만 천을 꿸 수 없다네. (竹芽似筆難成字 松葉如針未貫絲)" 라는 구절에서 인용하였는데, 죽순을 붓에, 솔잎 끝의 뾰족함을 바늘 모양에 비유하여 표현하였다.

대나무는 죽순이 되기 전에 모죽(母竹)에서 뿌리를 내리는 데만 5년이라는 인고의 세월을 기다려야 비로소 죽순이 되어 땅 위로 올라온다고 한다. 이러한 죽순을 붓에 비유하였으니 붓놀림에 따라 짙고, 옅음의 농도가 달리 나타나거나 경쾌한 리듬감을 화폭에 담을 수 있으니 이 모든 것이 어찌 우리 인생과 다를 바가 있겠는가?

---

29) 왕진(王縉, ?~?) 당나라 때의 시인으로 왕유(王維)의 동생이다. 자(字)는 하경(夏卿), 관직은 황문시랑(黃門侍郎), 동평장사(同平章事)등을 역임하였다.

3-38

물고기 요동에 새로 난 연잎 살랑이고
새가 날아가니 남은 꽃 떨어지네
거문고는 눅었어도 소리는 여전히 울리고
화로 차가워도 불기운 남아 있네

魚戲新荷動　鳥散餘花落
어 희 신 하 동　조 산 여 화 락
琴潤絃猶響　爐寒火尙存
금 윤 현 유 향　로 한 화 상 존

【출전】 1, 2구 서거정(徐居正)의 독좌(獨坐)

이 시의 1, 2구는 서거정(徐居正)[30] 의 '혼자 앉아서 『독좌(獨坐)』' 라는 시(詩) 1수의 3, 4구를, 2수의 1, 2구를 인용하였는데, 속세를 떠나 유유자적하는 은자의 생활인 듯 보이나 찾아오는 사람 없이 체념과 기다림이라는 상반된 심리 상태를 보여주고 있다.

화자의 시선은 고요한 연못 속의 물고기와 나무가지에서 날아간 새의 모습이 아니라 연잎의 살랑거림과 꽃의 떨어짐에 머물고 있다. 화자는 염못 속의 물고기와 날아간 새를 본 것이 아니다. 단지 그러했을 것이라는 추정을 통해 주변의 사소한 변화를 민감하게 포착해 낸 것이다. 이를 통해 화자는 일상의 고독과 권태로움에 대한 변화를 갈망하고 있다.

3구와 4구에서는 습기를 머금어 눅눅한 거문고와 싸늘하게 식은 화로가 등장하는데, 거문고의 줄이 습기에 젖어 눅눅하게 늘어져 줄을 튕기

30) 서거정(徐居正, 1420~1488) 조선시대의 문신이면서 학자임. 자(字)는 강중(剛中)이며, 호는 사가정(四佳亭)이다. 집현전 박사를 지냈으며 『경국대전』, 『동국통감』등의 편찬에 참여하였다. 문집으로는 『동인시화(東人詩話)』, 『동문선(東文選)』등을 남겼다.

어도 좋은 소리가 날 리가 없다. 또한 불이 꺼진 화로를 헤집어 보니 불씨가 그대로 남아있다. 화자는 왜 갑자기 기능을 상실해버린 거문고와 불이 꺼진 화로로 화제를 전환했을까? 겉으로 보기엔 소리가 나지 않을 것 같고, 불씨가 없을 듯 보였겠지만 거문고와 화로라는 사물을 통해 자신이 아직 쓸모 있는 존재라는 것을 말하는 것이다.

정계(政界)를 떠나 은일(隱逸)하고 있는 화자의 가슴 속에는 후일을 도모하려는 의지와 함께 나에게는 소리와 불씨가 아직 남아있다고 무엇인가를 향해 외치는 듯한 긴 여운을 주고 있다.

3-39

봄에는 북으로 가을에는 남으로 기러기 날고
아침에는 서로 저녁에는 동으로 무지개 피어나네
버드나무 장막에는 꾀꼬리가 손님이 되고
꽃망울엔 나비가 신랑이 된다네

春北秋南雁　朝西暮東虹
춘 북 추 남 안　조 서 모 동 홍
柳幕鶯爲客　花房蝶作郎
류 막 앵 위 객　화 방 접 작 랑

【출전】 3, 4구 유몽인(柳夢寅)의 백련초해(百聯抄解)

연홍지탄(燕鴻之歎)이라는 말이 있다. 제비가 날아올 때에 기러기가 날아가고 기러기가 날아올 때에 제비가 날아가 서로 만나지 못함을 탄식한다는 뜻으로 즉, 길이 어긋나 서로 만나지 못하여 탄식함을 이르는 말이다. 기러기는 봄이 되면 추운 북쪽으로 돌아갔다가 다시 가을이 되어 남쪽으로 돌아온다. 날아가든지 날아오든지 이 모든 것이 자연의 조화이며 변치 않는 질서이고 섭리이다.

무지개는 대기 중의 많은 물방울에 햇빛 · 달빛 등에 굴절 · 반사 또는 간섭되어 생기는 광학현상이라고 한다. 해의 반대편에 생기는 것이니 오전에는 서쪽 하늘을, 오후에는 동쪽 하늘을 아름답게 수놓을 것이다. 무지개가 뜨는 것을 이야기하며 자연스럽게 동서남북 사방에 대한 화자의 느낌을 말하고 있다.

『백련초해』의 "버들이 비취막을 만드니 꾀꼬리가 손님이 되고, 꽃이 신방을 꾸미니 나비가 신랑이 되네. (柳爲翠幕鶯爲客 花作紅房蝶作郞)"에서 3, 4구를 인용한 듯하다.

아무도 찾아오지 않는 버드나무는 바람의 집이며, 새들의 놀이터이다. 길게 늘어진 버드나무 가지가 비취빛 장막을 만드니 가끔씩 날아드는 꾀꼬리가 손님이 됨을 말하고 있다. 또한 꽃과 나비의 관계를 신랑과 신부의 관계로 의인화하여 표현하고 있다.

3-40

햇빛은 시냇물 위에 넘실대고
바람 빛은 풀 사이에 떠 있다네
밝은 달은 소나무 사이로 비추고
맑은 샘은 돌 위를 흐르는구나

日華川上動　風光草際浮
일 화 천 상 동　풍 광 초 제 부
明月松間照　淸泉石上流
명 월 송 간 조　청 천 석 상 류

【출전】 1, 2구 사현휘(謝玄暉)의 화서도조(和徐都曹)
3, 4구 왕유(王維)의 산거추명(山居秋暝)

사현휘(謝玄暉)[31]의 '고향에 돌아가면 『화서도조(和徐都曹)』' 라는 시에서 1, 2구를 인용하였다.

일화(日華)는 햇빛 또는 햇살 정도의 의미를 지니고 있다. 화자는 물에 햇빛이 비치면 물결이 일렁일 때마다 빛이 반사되어 물결이 반짝이며 움직이는 것을 햇빛이 물 위에서 넘실거린다고 한 것이다. 풍광(風光)은 '바람의 기운' 또는 우리말로는 '바람결' 로 이해하면 될 듯 싶다. 바람이 부니 풀잎이 휘청거리는 모습이다. 화자는 아침 햇살이 비추는 찬란한 물결과 초록색 풀밭이 바람의 물결인양 일렁이는 모습을 바라보고 있다.

3구와 4구는 왕유(王維)[32]의 '산속의 가을 밤 『산거추명(山居秋暝)』' 이라는 시, 1수의 3, 4구에서 인용하였다. 관리와 은거생활을 겸하던 왕유는 47세에 장안 근교의 망천(輞川)에 호화로운 별장을 사서 은거 생활에 들어가는데 이 시는 망천 생활의 초기 작품으로 추정된다.

이 작품은 어느 가을 저녁에 비가 그친 뒤 별장에서 느껴지는 가을 산의 한정(閒靜)을 그림을 그리듯 담아내고 있다. 산속의 그윽한 경치뿐만 아니라, 산속의 정겨운 인물들을 묘사함으로써 자연 속에 사는 한적한 생활 모습을 입체적으로 표현하였다.

"밝은 달은 소나무 사이로 비추고, 맑은 샘은 바위 위로 흐른다. (明月松間照 淸泉石上流)" 는 흔히 볼 수 있는 자연의 모습을 시각과 청각을 통해 오묘한 경지로 노래하고 있다.

---

31) 사현휘(謝玄暉, 464~499) 중국 남조(南朝)때 남제(南齊)의 시인. 이름은 조(朓)이며 현휘(玄暉)는 그의 자(字)이다. 오언시(五言詩)를 잘 썼으며, 선성(宣城)의 태수가 되었으므로 사선성(謝宣城)이라고도 불렀다. 문집으로는 『사선성집(謝宣城集)』 5권이 있다.

32) 왕유(王維, 699~759) 중국 당(唐)나라의 궁정시인이며 화가이다. 자(字)는 마힐(摩詰)이며, 산서성(山西省) 태원 사람이다. 어려서부터 글재주가 뛰어났었다고 하며 저서로는 『왕우승집(王右丞集)』 6권이 있다.

3-41

푸른 소나무는 길을 끼고 자라고
흰 구름은 처마 끝에 머무네
연꽃 바람은 향기를 보내오고
대나무의 이슬은 맑은소리로 떨어지네

青松夾路生　白雲宿簷端
청송협로생　백운숙첨단
荷風送香氣　竹露滴淸響
하풍송향기　죽로적청향

【출전】 1, 2구 도연명의 의고(擬古)
3, 4구 맹호연의 하일남정회신대(夏日南亭懷辛大)

이 시의 1, 2구는 동진(東晋)때 도연명(陶淵明)[33] 의 '고시(古詩)를 모방하여 짓다.『의고(擬古)』' 5수 중에 나오는 시의 일부를 인용하였다.

전한과 후한 사이에 지어진 작자불명의 시를 고시(古詩)라 하는데 이를 모방한 시가 의고시(擬古詩)이다. 도연명의 의고시는 모두 9수인데, 남조 유송(南朝 劉宋) 초기인 도연명의 나이 57세~58세에 지어진 것으로 자신의 감개(感慨)를 서술한 시이다.

늘 푸른 소나무는 항상 변치 않는 마음을 상징한다. 화자는 곧게 뻗은 길을 따라 양옆에 가로수처럼 자라고 있는 소나무에서 하늘에 흐르던 흰구름이 걸려 있는 처마 끝으로 시선이 이동하고 있다.

---

33) 도연명(陶淵明, 365~427)은 중국 동진 후기에서 남조 송대 초기까지 살았던 전원시인(田園詩人)이다. 호는 연명(淵明)이고, 자는 원량(元亮) 혹은 연명(淵明)이고, 본명은 도잠(陶潛)이다. 오류(五柳) 신생이라고 불리며, 시호는 정절(靖節)이다. 작품으로 시 이외에 부에는「한정부(閑情賦)」등, 산문으로 자제문(自祭文)인『아들 엄(儼) 등에게 주는 소(疏)』등이 있으며 잡전(雜傳)으로『오류선생전(五柳先生傳)』,『오효전(五孝傳)』,『사팔목(四八目)』등이 있다.

3구와 4구는 맹호연(孟浩然)[34] 의 '여름날 남쪽 정자에서 신대를 그리워하며 『하일남정회신대(夏日南亭懷辛大)』' 라는 시의 일부이다. 맹호연이 여름밤에 은거(隱居)하는 고향 친구인 신대 『辛大, 신악(辛諤)과 동일인』을 그리워하며 지은 오언고시(五言古詩)이다.

산마루에 해가 지고 달이 떠오르는데 화자는 머리를 풀어헤치고 한가롭게 누워 밤바람을 맞고 있다. 바람결에 연꽃 향기가 풍겨오고 댓잎에 맺혀있던 이슬마저 맑은소리로 떨어지니 거문고라도 한번 타볼까 하는데 그 소리를 알아줄 지음(知音)이 없어 그를 그리워하는 마음이 더욱 깊어져 간다.

푸른 소나무와 뭉게구름은 시각적으로 표현하였고, 바람에 은은한 향기를 뿜는 연꽃은 후각적으로, 대나무 잎에 맺힌 이슬의 맑은소리는 청각적으로 표현하였는데, 이 모든 구성은 자연이 보여주는 선경(仙境)이 아닐 수 없다.

3-42

곧은 계곡에 바람은 급하게 불어오고
산이 높으니 달도 더디게 떠오르네
귀뚜라미 골방에서 울어 대니
오동잎은 금빛 우물로 떨어지네

谷直風來急　山高月上遲
곡 직 풍 래 급　산 고 월 상 지
蟋蟀鳴洞房　梧桐落金井
실 솔 명 동 방　오 동 락 금 정

---

34) 맹호연(孟浩然, 689~740)은 중국 당나라의 시인이다. 이름은 호이며, 자는 호연이며 호(號)는 녹문거사(鹿門居士)이다. 격조 높은 시로 산수의 아름다움을 읊어 왕유와 함께 '산수 시인의 대표자'로 불린다. 맹양양(孟襄陽)으로도 불리며 저서에 『맹호연집』 4권이 있다.

【출전】 3, 4구 왕창령(王昌齡)의 장신원(長信怨) 중 제 1수

곧게 뻗은 계곡은 바람이 질주하기에 최적의 공간이다. 굽은 계곡과 달리 막힘이 없으니 골바람은 급하게 불어오게 마련이다. 또한 산이 높으면 해가 늦게 뜨는 것처럼 느껴지는데 산이 높아 달이 더디게 떠오른다고 화자는 노래하고 있다.

4구는 당(唐)나라 때 시인인 왕창령(王昌齡)[35] 의 '총애 잃은 궁녀의 노래 『장신원(長信怨)』' 3수 중 제1수에서 인용한 듯 하다. 한(漢)나라 성제(成帝)의 총애를 받던 후궁이자 유명한 시인이었던 반첩여(班婕妤)를 제재로 궁녀들의 애환을 노래한 시다.

가을이 무르익으면 풀섶에는 찬이슬이 내리고 조석으로 한기가 밀려온다. 멀게만 들리던 곤충들의 소리도 이때가 되면 점점 가까이에서 크게 들리는데 찬기운을 피해 곤충들이 집 가까이로 다가오기 때문이다.

금정(金井)을 금빛 우물이라고 한 것은 오행(五行)에서 봄은 목(木)에 해당되고, 여름은 화(火)에 해당되며, 가을은 금(金), 겨울은 수(水)에 해당되기 때문이다. 가을 오동잎이 떨어질 무렵이면 온산이 울긋불긋 단풍으로 물들기 시작하고 그 모습이 우물에 금빛으로 비춰지기 때문이다.

---

35) 왕창령(王昌齡, 698?~757?) 남경(南京), 산서성 태원, 또는 섬서성 서안 사람이라고 하는데 정확하지 않다. 자(字)는 소백(少伯). 이백과 같이 7언절구에 뛰어났다고 한다.

3-43

산은 높아도 소나무 아래 서 있고
강은 깊어도 모래 위로 흐르네
어젯밤 비에 꽃이 피더니
오늘 아침 바람에 꽃이 지누나

山高松下立　江深沙上流
산 고 송 하 립　강 심 사 상 류
花開昨夜雨　花落今朝風
화 개 작 야 우　화 락 금 조 풍

【출전】 3, 4구 송한필(宋翰弼)의 우음(偶吟)

산이 제아무리 높다 하더라도 그 산의 제일 정상에 있는 소나무보다는 아래일 것이고, 강물이 아무리 깊다해도 강바닥에 있는 모래 위를 흐를 것이다.

조선 중기의 시인인 송한필(宋翰弼)[36] 의 '우연히 짓다. 『우음(偶吟)』' 에서 3구와 4구를 인용하였는데, 제목 그대로 이 시는 우연히 읊은 것으로 인생의 무상함을 느낄 수 있는 시이다.

간밤에 피어난 꽃이 아침 비바람에 떨어져버린 모습을 인간의 삶에 비유하였는데, 작야우(昨夜雨)로도 알려져 있다.

송한필은 문장가로 이름을 떨쳤으나 아버지의 무고(誣告)가 드러나 말년에는 노비의 신분으로 전락하여 도망을 다니다가 생을 마감했다고 한다. 그런 곡절 많은 자신의 일생을 피고 지는 꽃에 비유하여 읊었을 것이다.

---

36) 송한필(宋翰弼, ?~?) 조선중기의 성리학자, 문장가로 자(字)는 계응(季鷹)이며, 호는 운곡(雲谷) 본관은 여산이다. 저서로는 『운곡집(雲谷集)』이 있다. 그의 시 32수와 여러 가지 저서들이 익필의 『구봉집 龜峯集』에 실려 있다.

꽃은 청춘이나 목적을 이루는 것이고, 바람과 비는 그것을 잃게 하는 것인데 목적을 잃고 노비의 신세로 떠돌아야 하는 서얼의 신분적 한계를 표현한 것이다.

어제 얻은 것이 오늘 아침 바람에 떨어지게 되었으니, 인생이란 것이 절정에 올랐다 싶으면 어느새 시들고 떨어져야 하는 꽃의 운명이 마치 우리네 삶과 같다고 화자는 말하고 있다.

이 세상 어디에도 영원이란 말은 없다고 한다. 우리의 봄은 어디에서 와서 어떻게 꽃을 피우고 언제쯤 비와 바람에 떨어져 버리는 것일까?

3-44

큰 가뭄에 단비를 얻고
타향에서 옛 친구를 만나네
호랑이를 그려도 뼈는 그리기 어렵고
사람을 알아도 마음은 알 수 없다네

大旱得甘雨　他鄉逢故人
대 한 득 감 우　타 향 봉 고 인
畫虎難畫骨　知人未知心
화 호 난 화 골　지 인 미 지 심

【출전】 1, 2구 홍매(洪邁)의 용재수필(容齋隨筆)
3, 4구 명심보감(明心寶鑑) 성심상(省心上)

남송(南宋)시대 관리이자 학자였던 홍매(洪邁)[37] 가 독서를 하며 얻었

37) 홍매(1123~1202)는 남송 요주(饒州) 파양(鄱陽) 사람이다. 자는 경려(景廬)고, 호는 용재(容齋)다. 시호는 문민(文敏)이다. 학식과 저술이 뛰어났는데, 특히 송나라의 전장제도(典章制度)에 밝았다. 저서에 『용재수필(容齋隨筆)』과 『이견지(夷堅志)』, 『야처유고(野處類稿)』, 『사기법어(史記法語)』, 『만수당인절구(萬首唐人絶句)』 등이 있다.

던 지식을 그때마다 정리한 『용재수필(容齋隨筆)』 중의 "오랜 가뭄에 단비를 만나고, 타향에서 옛 친구를 만나네. (久旱逢甘雨, 他鄕見故知)"라고 한 구절에서 1구와 2구를 따온 것이다. 용재수필은 중국 국가 주석이었던 모택동(毛澤東)이 손에서 책을 놓지 않고 읽었다는 일화로 유명한 책이다.

2018년도에 개봉한 영화 『궁합』은 조선시대에 너무나 극심한 가뭄으로 인해 흉년이 계속되어 조선의 왕이 송화옹주를 혼인시켜야 비로소 가뭄이 해소될 것이라고 굳게 믿고 부마 간택을 실시하면서 벌어지는 일련의 사건을 다룬 영화이다.

우주왕복선을 타고 달나라가 아닌 화성을 가는 과학문명의 시대가 오더라도 인간은 자연재해 앞에서 나약한 존재일 수 밖에 없다. 태풍, 해일, 산불, 지진, 가뭄 등 인간의 역사에서 과학 기술로 정복된 것이 아무것도 없다. 특히 가뭄은 인간의 생존과 직결되는 것이어서 가뭄으로 논과 밭이 갈라지고 곡식이 말라 죽을 지경으로 가물 때에, 농부에게는 한 줄기 빗방울이 그야말로 축복 그 자체인 것이다.

오랜 타향살이에서 그동안 소식도 모르고 지내다가 우연히 만나게 된 고향 친구 또한 오랜 가뭄 끝에 내리는 단비와 같이 기쁘고, 소중한 존재일 것이다. 1, 2구는 이 세상에서 가장 반가운 일을 표현한 시이다.

3구와 4구는 『명심보감』 성심상편(明心寶鑑 省心上篇)에 "호랑이를 그리되 가죽은 그릴 수 있지만 뼈는 그리기 어렵고, 사람을 알아도 얼굴은 알 수 있지만 마음은 알 수 없다. (畫虎畫皮難畫骨, 知人知面未知心)"에서 인용하였다. 사람은 오랜 세월 서로 만나며 겪어보더라도 수시로 변하는 속마음까지는 알지 못한다. 그래서 "열 길 물 속은 알아도 한 길 사람 속은 알기 어렵다."는 말이 나왔는지도 모르겠다.

3-45

물은 흘러가면 다시 돌아오지 않고
말은 한 번 내면 다시 거두기 어렵다네
글을 배우면 천년의 보배요
물건을 탐하면 하루 아침의 티끌이라네

水去不復回　言出難更收
수 거 불 부 회　언 출 난 갱 수
學文千載寶　貪物一朝塵
학 문 천 재 보　탐 물 일 조 진

『명심보감』 언어편(明心寶鑑 言語篇)에 "입과 혀는 재앙과 근심의 문이고, 몸을 망치는 도끼와 같다. (口舌者 禍患之門 滅身之斧也)"라는 말이 나온다. 말이라는 것은 참으로 신비한 능력이 있어서 없던 것을 새롭게 만들기도 하고, 있던 것을 없애기도 한다. 그러나 말이 이러한 마력(魔力)만 있는 것도 아니다. 한번 뱉은 말은 다시 회수하기가 어려우니 분명 단점도 존재한다.

다른 사람을 이롭게 하는 말은 솜처럼 따뜻하고, 다른 사람을 해치는 말은 가시처럼 날카롭다. 한마디 말로 다른 사람을 이롭게 하는 것은 무겁기가 천금의 가치가 있는 것이고, 한마디 말로 다른 사람을 상하게 하는 것은 칼로 베는 것 같은 아픔이 있다. 물이 한번 흘러가면 순리대로 돌아오지 못하듯 말을 할 때에는 항상 신중하게 해야함을 경계한 것이다.

중국 후한의 역사가인 반고(班固)가 편찬한 한서(漢書)에 "황금이 상자에 가득하다 해도 자식에게 경서 한 권을 가르치는 것만 못하고, 자식에게 천금을 물려준다 해도 재주 한 가지 가르치는 것만 못하다. (黃金滿籝 不如敎子一經 賜子千金 不如敎子一藝)"라는 말이 나온다. 재물은 하루 아침에 잃을 수 있는 유한한 것이고, 지식이나 기술은 무한한 가치를 창출할 수 있어 배움의 중요성을 말한 것이다. 또한 만물의 영장인 사람에게는 인간으로서 지켜야할 오륜(五倫)이 있는데 그 도리 또한 학문이 없으면 이해하지 못하게 되니 오륜을 알지 못하면 인간성을 저버린 행동을 하기 쉽다는 의미이다.

3-46

문장은 이태백이 으뜸이요
필법은 왕희지라네
하루라도 글을 읽지 않으면
입 안에 가시가 돋는다네

文章李太白　筆法王羲之
문 장 이 태 백　필 법 왕 희 지
一日不讀書　口中生荊棘
일 일 부 독 서　구 중 생 형 극

문장에 있어선 이태백(李太白)[38] 이 가장 으뜸이며, 필법에 있어선 왕희지[39] 가 가장 으뜸임을 나타낸 말이다.

우리나라 민요인 달타령에 "달아 달아 밝은 달아! 이태백이 놀던 달아"

---

38) 이태백(李太白,701~762) 중국 당나라의 시인으로 이름은 백(白)이며 호는 청련거사(青蓮居士)이다. 두보(杜甫)를 시성(詩聖)이라 칭하는 데 대하여 시선(詩仙)으로 일컬어진다. 정치적 포부가 컸으며 현종(玄宗)의 궁정 시인이 되기도 했으나 대체로 일생을 방랑 속에서 불우하게 보냈다. 성격이 호탕하여 세속의 생활에 매이지 않고 자유분방한 상상력으로 시를 읊었다. 후세에 편찬된 『이태백 전집(李太白全集)』 30권이 전한다.

39) 왕희지(王羲之, 321~397) 중국 동진(東晉)시대의 서예가. 자(字)는 일소(逸少). 벼슬이 우군장군(右軍將軍)에 이르렀으므로 세상에서 왕우군이라고 일컬었다. 해서·행서·전서의 삼체를 전아(典雅)하면서도 귀족적인 서체로 완성하였다. 행서의 『난정집서(蘭亭集序)』·해서의 『악의론(樂毅論)』 등이 가장 유명하다.

라는 내용이 있다. 이 가사에 나오는 이태백은 풍부한 상상력과 달관한 몽환적 성격으로 달을 주제로 노래한 작품을 많이 남겼다. 긴 유랑 생활을 통하여 구속이나 억압에서 벗어나 자유와 생명의 낭만 정신이 문장에서 독특하고 기이한 문학적 매력으로 나타났는지도 모른다.

왕희지(王羲之)를 서성(書聖)이라고 부르기도 하는데 왕희지는 해서·행서·초서의 각 서체를 완성함으로써 서예를 단순히 글씨를 쓰는 것이 아니라 예술의 영역으로 끌어오는 것에 성공했는데, 그의 서풍(書風)은 전아(典雅)하고 힘차며, 귀족적인 기품이 높다은 것이 특징이다.

3, 4구는 추구의 문장보다는 안중근(安重根, 1879~1910) 의사가 뤼순 감옥에서 쓴 붓글씨로 더 유명하다. 독서의 중요성을 한마디로 요약한 한시로 하루라도 책을 읽지 않으면, 입 안에 가시가 자라는 것처럼 입이 거칠어져 남에게 비난하는 말을 함부로 한다는 뜻이다.

독서를 한다고 해서 당장에 눈으로 보이는 큰 변화는 없다. 하지만 독서를 하면서 사물의 이치를 깨닫게 되고, 세상의 흐름을 알게 되어 상황에 대처하는 능력이 생기게 되니 나를 바꾸고 세상을 바꾸는 것이 바로 독서인 힘인 것이다.

3-47

꽃은 다시 필 날이 있지만
사람은 다시 소년이 될 수 없다네
젊은 날을 헛되이 보내지 말게나
청춘은 다시 오지 아니한다네

花有重開日　人無更少年
화 유 중 개 일　인 무 갱 소 년
白日莫虛送　青春不再來
백 일 막 허 송　청 춘 불 재 래

【출전】 3, 4구 임관(林寬)의 소년행(少年行)

추구의 마지막 시구를 읽을 때마다 주희(朱熹)의 주문공문집(朱文公文集)에 나오는 '우연히 짓다.『우성(偶成)』' 이라는 7언시가 떠오른다.

소년은 늙기 쉽고 학문은 이루기 어려우니
짧은 시간이라도 가벼이 여기지 마라
연못가에 봄풀이 채 꿈에서 깨어나지도 않았는데
섬돌 앞에 떨어지는 오동잎은 벌써 가을을 알리네

少年易老學難成
소 년 이 로 학 난 성
一寸光陰不可輕
일 촌 광 음 불 가 경
未覺池塘春草夢
미 각 지 당 춘 초 몽
階前梧葉已秋聲
계 전 오 엽 이 추 성

꽃은 해가 바뀌면 다시 피어나겠지만 사람의 인생이란 연습이 없다. 인생이라는 시계는 한 번 흘러가면 다시 돌이킬 수 없으므로 단 한 순간도 가벼이 여기지 말라는 의미이다.

3, 4구는 당나라 임관(林寬)[40] 의 소년행(少年行) 1수의 3, 4구에서 인용하였다.

젊음의 시간이 영원토록 지속될 줄 알고 방탕하며 지내다가 섬돌 앞에 떨어지는 오동잎을 마주하게 되면 이미 그때는 인생의 가을이 와서 늦을 것이니 부지런히 학문에 정진할 것을 권하는 권학문의 한시이다.

---

40) 임관(林寬, ?~?) 당(唐)나라 시대 후관인(侯官人)이었음.

격몽요결

擊蒙要訣

격몽요결(擊蒙要訣)에 대하여

격몽요결(擊蒙要訣)의 '격몽'은 주역(周易) 몽괘(蒙卦) 상구(上九)의 효사(爻辭)에 있는 말로 '몽매한 자들을 교육한다.'는 의미이고, '요결'은 그 일의 중요한 비결이라는 뜻이다.

율곡 이이 선생이 선조 10년(1577) 관직을 떠나 해주(海州)의 은병정사(隱屛精舍)에서 제자들을 교육할 때 후학들의 입문교재로 쓰기 위해 이 책을 저술했다고 한다.

율곡은 서문에서 "내가 해산(海山;海州)의 남쪽에 거처를 정하자, 한두 명의 학도가 따라와서 묻고 배우니, 내가 그들의 스승이 될 수 없음을 부끄럽게 여겼으며, 또한 '처음 배우는 이가 방향을 모를 뿐 아니라, 굳은 뜻이 없이 그저 아무렇게나 이것저것 배우면 서로에게 도움 됨이 없고 도리어 남의 비웃음만 사게 될까 두려워서 간략하게 한 권의 책을 만들어 뜻을 세우는 것, 몸가짐을 삼가는 일, 부모를 받들고 남을 대하는 방법을 대강 서술하고 『격몽요결(擊蒙要訣)』이라 이름 지었다."고 서문에서 밝히고 있으며, 후에 정조(12년)는 이 책을 친히 열람하고 제목에 글을 지어 문신 이병모(李秉模, 1742~1806)에게 명하여 이를 책머리에 붙이게 하고 '소학의 첫걸음'이라는 소개를 적은 글을 쓰기도 했다.

이율곡(李栗谷)은 조선 중기의 학자이자 정치가로, 23세 때 별시에서 장원을 한 후 벼슬길에 올랐고, 호조좌랑, 예조좌랑, 우부승지를 거쳐 47세 때 이조판서에 임명되었으며, 그의 성리학 사상은 근대에 이르기까지 역사전개에 커다란 영향을 주었다. 이외에도 『시무육조』를 세우고 십만양병설을 주장했다. 그가 죽은 후 전국 20여개 서원에 위패가 모셔졌으며, 시호는 문성이다.

저서로는 『격몽요결(擊蒙要訣)』 외에 『성학집요(聖學輯要)』, 『기자실기(箕子實記)』, 『만언봉사(萬言封事)』등이 있다.

이 책의 내용은 제1 입지장(立志章), 제2 혁구습장(革舊習章), 제3 지신장(持身章), 제4 독서장(讀書章), 제5 사친장(事親章), 제6 상제장(喪制章), 제7 제례장(祭禮章), 제8 거가장(居家章), 제9 접인장(接人章), 제10 처세장(處世章)의 순으로 나누어 구성하여 서술하였다.

이 책은 저술 직후부터 조선시대 초학자는 물론이고 사림(士林) 및 향교에서 필독서로 읽혀질 만큼 널리 유포되었으며, 도덕성과 인간성 회복이 절실히 요구되는 오늘날에도 인성 및 예절교육 교재로 널리 애독되고 있다.

擊蒙要訣序(격몽요결 서)

【序-1】

人生斯世에 非學問이면 無以爲人이니 所謂學問者는 亦非異常別件物事也라 只是爲父當慈하고 爲子當孝하며 爲臣當忠하고 爲夫婦當別하며 爲兄弟當友하고 爲少者當敬長하며 爲朋友當有信이니 皆於日用動靜之間에 隨事各得其當而已요 非馳心玄妙하여 希覬奇效者也라.

인생사세에 **비학문**이면 **무이위인**이니 **소위학문자**는 **역비이상별건물사야**라 **지시위부당자**하고 **위자당효**하며 **위신당충**하고 **위부부당별**하며 **위형제당우**하고 **위소자당경장**하며 **위붕우당유신**이니 **개어일용동정지간**에 **수사각득기당이이**요 **비치심현묘**하여 **희기기효자야**라.

사람이 이 세상에 태어나 배움이 없으면 사람다운 사람이 될 수 없으며, 배움이라는 것은 상식에서 벗어나거나 이상하고 별다른 것이 아니다. (학문이란) 단지 부모가 되어서는 (자녀를) 마땅히 사랑하고, 자녀가 되어서는 (부모에게) 마땅히 효도하고, 신하가 되어서는 (임금에게) 마땅히 충성하고, 부부 사이에는 마땅히 내외를 구별해야 하고, 형제 사이에는 마땅히 정과 사랑이 있어야 하고, 어린 사람으로서 마땅히 어른을 공경하고, 친구 사이에는 마땅히 믿음과 의리가 있어야 하는 것이다. 이 모든 것은 일상의 생활 속에서 각각의 일에 따라 당연한 것을 따르면 될 뿐이고, 헤아릴 수 없는 미묘한 마음 때문에 기이한 효과를 바라는 것은 아니다.

【序-2】 맹자 진심장구 하 / 이루장구 상

但不學之人은 **心地茅塞**하고 **識見**이 **茫昧**라 **故**로 **必須讀書窮理**하여 **以明當行之路**라야 **然後**에 **造詣得正**하고 **而踐履得中矣**리라 **今人**은 **不知學問**이 **在於日用**하고 **而妄意高遠難行**이라 **故**로 **推與別人**하고 **自安暴棄**하니 **豈不可哀也哉**아.

단불학지인은 **심지모색**하고 **식견**이 **망매**라 **고**로 **필수독서궁리**하여 **이명당행지로**라야 **연후**에 **조예득정**하고 **이천리득중의**리라 **금인**은 **불지학문**이 **재어일용**하고 **이망의고원난행**이라 **고**로 **추여별인**하고 **자안포기**하니 **기불가애야재**아.

다만 배우지 않은 사람은 마음이 꽉 막히고 지식과 견문이 어둡기에 그러므로 반드시 책을 읽고 이치를 깊이 연구하여 마땅히 행하여야 할 길을 밝힌 뒤에야 학문의 경지에 나아가는 것이 올바름을 얻고 실천함에 중심을 잡게 될 것이다.

요즘 사람들은 학문이 일상생활 속에 쓰이고 있음을 알지 못하고, 자기 생각으로 높고 멀리 있어 (보통사람은) 실행하기 어려울 것이라고 생각한다. 그러므로 학문하는 일을 다른 사람에게 미루고 스스로 편안히 하고자 하여포기함이 어찌 슬픈 일이 아니겠는가?

【序-3】

余定居海山之陽할새 有一二學徒 相從問學하니 余慙無以爲師요 而且恐初學이 不知向方하고 且無堅固之志而泛泛請益이면 則彼此無補하고 反貽人譏라 故로 略書一冊子하여 粗敍立心飭躬 奉親接物之方하고 名曰擊蒙要訣이라하여 欲使學徒觀此하고 洗心立脚하여 當日下功하고 而余亦久患因循하여 欲以自警省焉하노라 丁丑 季冬에 德水 李珥는 書하노라.

여정거해산지양할새 **유일이학도 상종문학**하니 **여참무이위사**요 **이차공초학**이 **부지향방**하고 **차무견고지지이범범청익**이면 **칙피차무보**하고 **반이인기**라 **고**로 **약서일책자**하여 **조서립심칙궁 봉친접물지방**하고 **명왈 격몽요결**이라하여 **욕사학도관차**하고 **세심입각**하여 **당일하공**하고 **이여역구환인순**하여 **욕이자경성언**하노라 **정축 계동**에 **덕수 이이**는 **서**하노라.

내가 해산(海山)의 남쪽에 거처를 정하자, 한두 명의 학생이 찾아와 배움을 물으니, 내가 그들의 스승이 될 만한 것이 없음을 부끄럽게 여겼을 뿐만 아니라 처음 배우는 이가 배움의 올바른 방향을 알지 못하고, 또 굳은 뜻이 없으면서 대충 배우고서 더 가르쳐 주기를 원한다면 서로 간에 도움 됨이 없이 오히려 남의 비웃음거리가 될까 두려웠다.

그러므로 간략하게 한 권의 책을 지어 뜻을 세우고, 몸을 가다듬고, 부모를 받들고 사람을 응대하는 방법을 대강 써서 이름을 『격몽요결』이라 하고, 학생들에게 이것을 보고 마음을 씻고 새롭게 시작하여 그날부터 학습하게 하고자 하였으며, 나 또한 오랫동안 옛것을 따라하는 태도를 걱정했는데 이 책으로써 스스로 경계하고 살피고자 한다.

정축년(1577) 겨울에 덕수(德水) 이이(李珥) 쓰다.

第一 立志章 (제1 입지장)

뜻의 세움에 대해 말하다.

【01-01】 맹자 등문공장구 상 / 고자장구 하

初學이 先須立志하되 必以聖人自期하여 不可有一毫自小退託之念이니라. 蓋衆人與聖人이 其本性則一也라 雖氣質은 不能無淸濁粹駁之異나 而苟能眞知實踐하여 去其舊染而復其性初면 則不增毫末而라도 萬善이 具足矣리니 衆人이 豈可不以聖人으로 自期乎아. 故로 孟子道性善하시되 而必稱堯舜하여 以實之曰 人皆可以爲堯舜이라하시니 豈欺我哉시리오.

초학이 **선수입지**하되 **필이성인자기**하여 **불가유일호자소퇴탁지념**이니라 **개중인여성인**이 **기본성즉일야**라 **수기질**은 **불능무청탁수박지이**나 **이구능진지실천**하여 **거기구염이복구성초**면 **즉부증호말이**라도 **만선**이 **구족의**리니 **중인**이 **기가불이성인**으로 **자기호**아 **고**로 **맹자도성선**하시되 **이필칭요순**하여 **이실지왈 인개가이위요순**이라하시니 **기기아재**시리오.

처음 배우는 사람은 먼저 마땅히 뜻을 세우고, 반드시 성인(聖人)이 되겠다고 스스로 약속을 하여, 털끝만큼이라도 자신을 하찮게 여기고 핑계나 대려는 생각을 해서는 안 된다.

대개 보통사람이나 성인이나 그 본성은 같다. 비록 기질의 맑고 흐림과 순수하고 잡스러움의 차이가 있지만, 만약 참되게 알고 실천하며 옛날의 나쁜 습관을 버리고 그 본성을 되찾는다면 털끝만큼도 더 보태지 않아도 온갖 선함이 넉넉하게 갖추어질 것이므로 보통사람들이라고 해서 어찌 성인이 될 것을 스스로 기약하지 않을 수 있겠는가? 그러므로 맹자께서는 본래 사람의 성품이 착함을 말씀하시되 반드시 요임금과 순임금을 예로 증명하면서 "사람은 모두 요임금과 순임금처럼 될 수 있다."라고 하셨으니, 어찌 우리를 속인 말이겠는가?

【01-02】 맹자 등문공장구 상

當常自奮發曰 人性本善하여 **無古今智愚之殊**어늘 **聖人**은 **何故獨爲聖人**이며 **我則何故獨爲衆人耶**아 **良由志不立**하고 **知不明**하며 **行不篤耳**라 **志之立**과 **知之明**과 **行之篤**이 **皆在我耳**니 **豈可他求哉**리오 **顔淵曰 舜何人也**며 **予何人也**오 **有爲者 亦若是**라하시니 **我亦當以顔之希舜爲法**이니라.

당상자분발왈 인성본선하여 **무고금지우지수**어늘 **성인**은 **하고독위성인**이며 **아즉하고독위중인야**아 **양유지불립**하고 **지불명**하며 **행불독이**라 **지지립**과 **지지명**과 **행지독**이 **개재아이**니 **기가타구재**리오 **안연왈 순하인야**며 **여하인야**오 **유위자 역약시**라하시니 **아역당이안지희순위법**이니라.

(우리는) 마땅히 항상 스스로 떨쳐 일어나 말해야 한다. "사람의 본성은 본래 착하여 옛날과 현재의 지혜로움과 어리석음의 차이가 없는데, 성인은 무슨 까닭으로 홀로 성인이 되었으며, 나는 무슨 까닭으로 홀로 보통사람이 되었는가? (이는) 진실로 나의 뜻을 세우지 못하고, 아는 것이 확실하지 못하며, 행실이 진실하고 정성되지 못한 것에 원인이 있을 뿐이다.

뜻을 세우고, 아는 것을 분명히 하고, 행실을 진실하고 정성되게 하는 것은 모두 나에게 달려 있으니, 어찌 다른 사람에게서 구할 수 있겠는가?

안연(顔淵)이 말하기를 '순임금은 어떤 사람이며, 나는 어떤 사람인가? 훌륭한 행동을 하는 사람은 또한 순임금처럼 될 수 있다.' 라고 말씀하셨으니, 나 또한 당연하게 안연이 바라는대로 순임금처럼 되는 법을 본보기로 삼아야 할 것이다."

【01-03】

人之容貌는 **不可變醜爲姸**이며 **膂力**은 **不可變弱爲强**이며 **身體**는 **不可變短爲長**이니 **此則已定之分**이라 **不可改也**어니와 **惟有心志**는 **則可以變愚爲智**하며 **變不肖爲賢**이니 **此則心之虛靈**이 **不拘於稟受故也**라 **莫美於智**하며 **莫貴於賢**이어늘 **何苦而不爲賢智**하여 **以虧損天所賦之本性乎**아 **人存此志**하여 **堅固不退**면 **則庶幾乎道矣**리라.

인지용모는 **불가변추위연**이며 **여력**은 **불가변약위강**이며 **신체**는 **불가변단위장**이니 **차즉이정지분**이라 **불가개야**어니와 **유유심지**는 **즉가이변우위지**하며 **변불초위현**이니 **차즉심지허령**이 **불구어품수고야**라 **막미어지**하며 **막귀어현**이어늘 **하고이불위현지**하여 **이휴손천소부지본성호**아 **인존차지**하여 **견고불퇴**면 **즉서기호도의**리라.

사람의 용모는 못생긴 것을 변화시켜 예쁘게 할 수 없으며, 체력은 약한 것을 바꾸어 강하게 할 수 없으며, 신체도 짧은 것을 길게 할 수 없으니, 이것은 이미 타고나면서 결정된 처지이니 고칠 수 없는 것이다. (그러나) 마음과 뜻은 어리석은 것을 변화시켜 지혜롭게 할 수 있으며, 못나고 어리석은 것을 어질게 할 수 있다. 이것은 마음의 비어 있음과 차 있음이 타고난 기질에 얽매이지 않기 때문이다.

지혜로움보다 아름다운 것이 없으며, 현명한 것보다 귀한 것이 없는데 무엇이 괴로워서 지혜롭고 현명함을 실천하지 아니하고 하늘로부터 타고난 본성을 훼손하는가? 사람들이 이와 같은 뜻을 마음에 새기고 굳게 지켜 물러서지 않는다면 거의 도(道)에 가깝다고 할 것이다.

【01-04】 논어 안연 제12편 / 논어 술이 제7편

凡人이 自謂立志하되 而不卽用功하고 遲回等待者는 名爲立志나 而實無向學之誠故也라 苟使吾志로 誠在於學이면 則爲仁由己라 欲之則至니 何求於人이며 何待於後哉리오 所貴乎立志者는 卽下工夫하여 猶恐不及하여 念念不退故也라 如或志不誠篤하여 因循度日이면 則窮年沒世인들 豈有所成就哉리오.

범인이 **자위입지**하되 **이불즉용공**하고 **지회등대자**는 **명위입지**나 **이실무향학지성고야**라 **구사오지**로 **성재어학**이면 **즉위인유기**라 **욕지즉지**니 **하구어인**이며 **하대어후재**리오 **소귀호입지자**는 **즉하공부**하여 **유공불급**하여 **염념불퇴고야**라 **여혹지불성독**하여 **인순도일**이면 **즉궁년몰세**인들 **기유소성취재**리오.

대체 사람들이 스스로 뜻을 세웠다고 말하면서 즉시 공부를 하지 않고 게으름을 부리고 (누군가 알려주기를) 기다리는 것은 말로는 뜻을 세웠다고 하나 실제로는 배움을 향한 정성이 없기 때문이다.

만일 나의 뜻이 진실로 배움에 있다면 어진 것을 실천하는 것은 자신으로부터 비롯된 것이니 (인을 실천)하고자 하여 (어진 것에) 이르게 됨을 어찌 남에게서 구하며, 어찌 뒷날을 기다리겠는가?

(따라서) 뜻을 세우는 것을 중하게 여기는 이유는 (뜻을 세우는 일을 확고히 하면) 즉시 공부에 착수하여 오히려 도달하지 못할 것을 두려워해서 항상 (공부할 것을) 생각하고 뒤로 물러서지 않음을 생각하기 때문이다. 만일 혹시라도 뜻을 성실하고 독실하지 못한 채로 지난날의 습관을 답습하여 세월만 허비한다면 목숨이 다하여 세상을 마치게 된들 어찌 성취하는 것이 있겠는가?

第二 革舊習章 (제2 혁구습장)

낡은 습관의 없앰을 말하다.

【02-01】 혁고습장

人雖有志於學이나 而不能勇往直前하여 以有所成就者는 舊習이 有以沮敗之也라 舊習之目을 條列如左하노니 若非勵志痛絶이면 則終無爲學之地矣리라.

인수유지어학이나 **이불능용왕직전**하여 **이유소성취자**는 **구습**이 **유이저패지야**라 **구습지목**을 **조절여좌**하노니 **약비려지통절**이면 **칙종무의학지지의**리라.

사람이 비록 배움에 뜻을 두었다고 하나 용감하게 바로 나아가고 이로써 (학문을) 성취하지 못하는 사람은 낡은 습관이 그 뜻을 가로막고 무너뜨리고 있기 때문이다.

낡은 습관에 해당하는 목록을 다음과 같이 열거하였으니, 만약 뜻을 가다듬고 뼈가 아플 정도로 끊어버리지 않는다면 끝내 학문을 할 바탕이 마련되지 않을 것이다.

【02-02】 논어 양화 제17편 / 논어 이인 제4편

其一은 惰其心志하고 放其儀形하여 只思暇逸하여 深厭苟束이요

其二는 常思動作하여 不能守靜하고 紛紜出入하여 打話度日이요

其三은 喜同惡異하여 汨於流俗하여 梢欲修飭이나 恐乖於衆이요
其四는 好以文辭로 取譽於時하여 剽竊經傳하여 以飾浮藻요
其五는 工於筆札하고 業於琴酒하여 優遊卒歲하여 自謂淸致요
其六은 好聚閒人하여 圍棋局戲하여 飽食終日하여 只資爭競이요
其七은 歆羨富貴하고 厭薄貧賤하여 惡衣惡食을 深以爲恥요
其八은 嗜慾無節하여 不能斷制하여 貨利聲色을 其未如蔗니라

기일은 **타기심지**하고 **방기의형**하여 **지사가일**하여 **심염구속**이요
기이는 **상사동작**하여 **불능수정**하고 **분운출입**하여 **타화도일**이요
기삼은 **희동악이**하여 **골어류속**하여 **초욕수칙**이나 **공괴어중**이요
기사는 **호이문사**로 **취예어시**하여 **표절경전**하여 **이식부조**요
기오는 **공어필찰**하고 **업어금주**하여 **우유졸세**하여 **자위청치**요
기육은 **호취한인**하여 **위기국희**하여 **포식종일**하여 **지자쟁경**이요
기칠은 **흠선부귀**하고 **염박빈천**하여 **악의악식**을 **심이위치**요
기팔은 **기욕무절**하여 **불능단제**하여 **화리성색**을 **기미여자**니라.

첫째, 자신이 마음 속에 품은 뜻을 게을리하며 몸가짐을 함부로 해서 다만, 한가롭고 편안함만을 생각하여 얽매이는 것을 매우 싫어하는 것이요.

둘째, 항상 돌아다닐 것만 생각하여 고요함은 지키지 못하고, 분주하게 드나들면서 쓸데없는 말로 시간을 낭비하는 것이요.

셋째, (여러 사람과 뜻에) 맞는 것을 좋아하고 다른 것을 싫어하여 유행하는 풍속에 빠져 조금이나마 행실을 닦고 조심하려 하지만 남들과 어긋날까 두려워하는 것이요.

넷째, 글귀나 문구 짓기로 그 세상에 이름을 드러내기를 좋아해서 경전의 글을 표절하여 겉만 번듯한 문장을 꾸미는 것이요.

다섯째, 글씨와 편지글 쓰는 것에 정성을 들이고, 거문고 연주와 술 마시기를 일로 삼아 하는 일 없이 세월을 보내면서 스스로 맑은 운치를 갖고 있다고 말하는 것이요.

여섯째, 할 일 없는 사람들을 모아서 바둑과 장기를 두기를 즐기며 종일토록 배부르게 먹고 단지 남과 다투는 것을 일로 삼는 것이요.

일곱째, 부유하고 귀한 것을 부러워하고, 가난하고 천박한 것을 싫어하여 좋지 못한 옷과 거친 음식을 무척 부끄럽게 여기는 것이요.

여덟째, 즐기기와 좋아하는 욕심에 절도가 없어 끊거나 억제하지 못하여 재물의 이익과 노래와 욕정에 빠져 그 맛을 사탕수수처럼 달콤하게 여기는 것이다.

【02-03】 대학연의 장구 1장 주(註)

習之害心者 大慨如斯하니 **其餘**는 **難以悉擧**라 **此習**이 **使人志不堅固**하고 **行不篤實**하여 **今日所爲**를 **明日難改**하고 **朝悔其行**이라가 **暮已復然**하나니 **必須大奮勇猛之志**하여 **如將一刀**하여 **快斷根株**하고 **淨洗心地**하여 **無毫髮餘脈**하며 **而時時每加猛省之功**하여 **使此心無一點舊染之汚然後**에 **可以論進學之工夫矣**리라.

습지해심자 대개여사하니 **기여**는 **난이실거**라 **차습**이 **사인지불견고**하고 **행불독실**하여 **금일소위**를 **명일난개**하고 **조해기행**이라가 **모이필연**하나니 **필수대분용맹지지**하여 **여장일도**하여 **쾌단근주**하고 **정세심지**하여 **무호발여맥**하며 **이시시매가맹생지공**하여 **사차심무일점구염지오연후**에 **가이론진학지공부의**리라.

습관 때문에 마음을 해치는 것이 대체로 이와 같으니 그 나머지를 모두 말하기는 어렵다. 이러한 습관은 사람들에게 의지를 미약하게 하고 행실을 진실하고 정성스럽지 못하게 함으로 오늘 행한 것을 내일도 고치기 어렵게 하고, 아침에 후회했던 행실을 저녁에 또 저지르게 하니, 반드시 용맹스런 뜻을 크게 떨쳐서 한 칼에 통쾌하게 나무뿌리를 베어버리듯이 하고, 마음을 깨끗이 씻어내어 하찮은 것이라도 남는 찌꺼기가 없도록 해야한다. 그리고 때때로 한결같이 크게 반성하는 공부를 더하여 마음으로 하여금 하나라도 낡은 습관에 물들어 더러움이 없게 한 후에라야 학문에 나아가는 공부에 대하여 논의할 수 있을 것이다.

第三 持身章 (제3 지신장)

바른 몸가짐에 대해 말하다.

【03-01】 논어 학이 제1편

學者必誠心向道하여 不以世俗雜思로 亂其志然後에 爲學有基址라 故로 夫子曰 主忠信이라하시니 朱子釋之曰 人不忠信이면 事皆無實하여 爲惡則易하고 爲善則難이라 故로 心以是爲主焉이라하시니 必以忠信爲主而勇下工夫然後에 能有所成就니 黃勉齊 所謂眞實心地 刻苦工夫兩言이 盡之矣로다라.

학자필성심향도하여 **불이세속잡사**로 **난기지연후**에 **위학유기지**라 **고**로 **부자왈 주충신**이라하시니 **주자석지왈 인불충신**이면 **사개무실**하여 **위악즉이**하고 **위선즉난**이라 **고**로 **필이시위주언**이라하시니 **필이충신위주이용하공부연후**에 **능유소성취**니 **황면재 소위진실심지 각고공부양언**이 **진지의**로다라.

배우는 자는 반드시 진실한 마음으로 도(道)를 향하여, 세상의 잡다한 일로써 자신의 의지를 어지럽히지 않은 후에라야 학문의 바탕이 이루어지게 된다.

그러므로 부자께서 말씀하시기를 "충(忠)과 신(信)을 중심으로 삼아야 한다."라고 하시고, 주자(朱子)께서 이를 풀이하여 말씀하시기를, "사람이 충심과 신의가 없으면 행하는 일이 모두 진실함이 없어서 악을 저지르기는 쉽고 선을 실천하기는 어렵다. 그러므로 반드시 이것으로써 중심을 삼아야 한다."라고 하셨다. 반드시 충심과 신의를 중심으로 삼아 용기 있게 공부를 한 뒤에야 이루는 것이 있을 것이다.

면재(勉齋) 황간(黃幹)이 말씀한 대로 "마음의 터전을 진실히 하고 뼈에 새기는 노력을 기울여 공부에 힘써라."라고 말한 두 마디에 그 뜻이 모두 있다고 할 것이다.

【03-02】

常須夙興夜寐하여 依冠心正하고 容色必肅하고 拱手危坐하여 行步安祥하며 言語愼重하고 一動一靜을 不可輕忽苟且放過니라.

상수숙흥야매하여 **의관필정**하고 **용색필숙**하고 **공수위좌**하여 **행보안상**하며 **언어신중**하고 **일동일정**을 **불가경홀구차방과**니라.

마땅히 항상 일찍 일어나고 밤늦게 자며, 옷과 갓은 반드시 바르게 하고, 얼굴빛을 반드시 엄숙하게 하며, 두 손을 공손히 하고 바르게 앉고, 걸음걸이를 편안히 하여 조심스럽게 하며, 말은 신중히 하여 하나하나의 움직임을 가볍고 소홀히 하거나 구차하게 지나쳐 버려서는 안 된다.

【03-03】 예기 옥조 / 논어 계씨 제16편 / 중용 20장

收斂身心은 莫切於九容이요 眞學益智는 莫切於九思하니 所爲九容者는 足容重하며 (不輕擧也 若趨于尊長之前 則不可拘此) 手容恭하며 (手無漫弛 無事則當端拱不妄動) 目容端하며 (定其眼睫 視瞻當正 不可流眄邪睇) 口容止하며 (非言語飮食之時 則口常不動) 聲容靜하며 (當整攝形氣 不可出噦咳等雜聲) 頭容直하며 (當正頭直身 不可傾回偏倚) 氣容肅하며 (當調和鼻息 不可使有聲氣) 立容德하며 (中立不倚 儼然有德之氣像) 色容莊이니라 (顔色整齊 無怠慢之氣) 所謂九思者는 視思明하며 (視無所蔽 則明無不見) 聽思聰하며 (聽無所壅 則聰無不聞) 色思溫하며 (容色和舒 無忿厲之氣) 貌思恭하며 (一身儀刑 無不端莊) 言思忠하며 (一言之發 無不忠信) 事思敬하며 (一事之作 無不敬愼) 疑思問하며 (有疑于心 必就先覺審問 不知不措) 忿思難하며 (有忿必懲 以理自勝) 見得思義니라 (臨財必明義利之辨 合義然後取之) 常以九容九思로 存於心而檢其身하여 不可頃刻放捨요 且書諸座隅하여 時時寓目이니라.

수렴신심은 막절어구용이요 진학익지는 막절어구사하니 소위구용자는 족용중하며 (불경거야 약추우존장지전 즉불가구차) 수용공하며 (수무만이 무사칙당단공 불망동) 목용단하며 (정기안첩 시첨당정 불가류면사체) 구용지하며 (비언어음식지시 즉구상불동) 성용정하며 (당정섭형기 불가출홰해등잡성) 두용직하며 (당정두직신 불가경회편의) 기용숙하며 (당조화비식 불가사유성기) 입용덕하며 (중립불의 엄연유덕지기상) 색용장이니라 (안색정제 무태만지기) 소위구사자는 시사명하며 (시무소폐 즉명무불견)

청사총하며 (**청무소옹 즉총무불문**) **색사온**하며 (**용색화서 무분려지기**) **모사공**하며 (**일신의형 무불단장**) **언사충**하며 (**일언지발 무불충신**) **사사경**하며 (**일사지작 무불경신**) **의사문**하며 (**유의우심 필취선각심문 부지부조**) **분사난**하며 (**유분필징 이리자승**) **견득사의**니라 (**임재필명의리지변 합의연후취지**) **상이구용구사**로 **존어심이검기신**하여 **불가경각방사**요 **차서제좌우**하여 **시시우목**이니라.

몸과 마음을 가다듬는 것에는 구용(九容), 아홉 가지 용모보다 적절한 것이 없고, 학문에 나아가 지혜를 더하는 방법은 구사(九思), 아홉 가지 생각보다 적절한 것이 없으니 이른바 구용(九容)[41] 이라는 것은 걸음걸이를 무겁게 하며 (가볍게 행동하지 않는 것인데, 어른 앞에서 종종걸음으로 지날 때는 여기에 구애받지 않는다.)

손의 모양을 공손히 하며 (손을 함부로 늘어뜨리지 않아야 하는데, 일하지 않을 때는 단정히 손을 모으고 함부로 움직이지 않아야 한다.)

눈의 모양을 단정히 하고 (눈동자를 안정시켜 이리저리 둘러보지 않고 바르게 할 것이요, 곁눈질하거나 훔쳐보아서는 안 된다.)

입은 단정히 다물고 (이야기하거나 음식을 먹을 때가 아니면 입을 항상 움직이지 않는다.)

목소리는 조용히 하고 (소리의 기운을 가다듬어 딸꾹질이나 기침 등의 다른 소리를 내서는 안 된다.)

머리는 곧게 세우고 (당연히 머리를 바르게 하고 몸을 곧게 세우며, 한쪽으로 기울여 돌리거나 비스듬하게 해서는 안 된다.)

숨소리는 조용하게 하고 (당연히 코로 쉬는 숨을 조화롭게 하여 소리가 나게 해서는 안 된다.)

---

41) 구용(九容)은 서기전 247년에서 서기전 50년까지의 중국의 예절을 정리한 예기(禮記)에 "군자의 모습은 여유가 있고 침착해야 한다. 『군자지용 서지(君子之容 舒遲)』"고 나오는데 율곡(栗谷)선생은 『격몽요결(擊蒙要訣)』 지신장(持身章)에서 "몸과 마음가짐에 있어 구용(九容)보다 간절한 것은 없다."고 하였다.

서 있을 때에는 덕스럽게 하고 (바르게 서고 비스듬하게 서지 않아 의젓하여 덕스러운 기질이 있어야 한다.)

얼굴 모양을 위엄 있고 엄숙하게 하는 것이요, (얼굴빛은 깔끔하면서 반듯하게 하여 게으른 기색이 없어야 한다.)

이른바 구사(九思)[42] 라는 것은, 볼 때는 분명히 볼 것을 생각하고 (사물을 볼 때 가리는 것이 없으면 분명해서 보지 못할 것이 없다.)

들을 때는 총명하게 들을 것을 생각하고 (들을 때 막히는 것이 없으면 귀가 밝아 분명하게 듣지 못할 것이 없다.)

얼굴빛은 온순하고 인자하게 할 것을 생각하고 (얼굴빛을 온화하여 부드럽고 화를 내거나 사나운 기색이 없어야 한다.)

용모는 공손할 것을 생각하고 (몸의 거동이 단정하고 씩씩하지 않음이 없어야 한다.)

말을 진실하게 할 것을 생각하고 (한마디 말이라도 진실하지 않음이 없어야 한다.)

일은 경건하게 할 것을 생각하고 (한 가지 일이라도 신중하고 조심하지 않음이 없어야 한다.)

의문 나는 것은 질문할 것을 생각하고 (마음에 의심이 있으면 반드시 먼저 깨달은 사람에게 나아가 자세히 묻고, 모르는 것을 그대로 두지 않는다.)

화가 날 때에는 근심과 재난이 올 것을 생각하고 (화가 나면 잘 다스리고 이성으로 스스로 이겨내야 한다.)

이익을 얻으면 옳은 것인지를 생각하고 (재물을 대하면 반드시 옳은 것과 이익인지를 분명히 가리고, 옳은 것이 합당한 뒤에야 취한다.)

항상 구용과 구사를 마음에 두고 그 몸을 단속하여 잠시라도 놓아버리지 않아야 하고, 또 (이것을) 앉는 자리의 구석에 써 붙여 놓고 수시로 쳐다보아야 할 것이다.

---

42) 구사(九思)란 "아홉 가지 생각 할 일"이란 뜻으로 동양의 성인 공자(孔子)의 말과 행적을 적어 놓은 고 전인 『논어(論語)』 16편 계씨편(季氏篇) 10장에 공자께서 "군자에게는 아홉 가지 생각 할 일이 있다."고 말씀하셨다.

【03-04】 논어 안연 제12편 / 주역전의 계사전 하 제9장

非禮勿視 非禮勿聽 非禮勿言 非禮勿動 四者는 後身之要也라 禮禮與非禮를 初學이 難辨이니 必須窮理而明之하며 但於已知處에 力行之면 則思過半矣리라.

비례물시 비례물청 비례물언 비례물동 사자는 **후신지요야**라 **례여비례**를 **초학**이 **난변**이니 **수궁리이면지**하며 **단어이지처**에 **역행지**면 **칙사과반의**리라.

예의가 아니면 보지 말며, 예의가 아니면 듣지 말며, 예의가 아니면 말하지 말며, 예의가 아니면 움직이지 말라는 네 가지 말은 몸을 닦는 데 가장 중요한 것이다.[43] 예의와 예의가 아닌 것을 처음 배우는 사람이 구별하기 어려우니, 반드시 이치를 깊이 파고들어 연구하여 이것을 밝히고 다만 겨우 아는 것을 힘써 실행한다면 생각하여 깨달은 것이 반 이상은 넘었다고 할 수 있다.

【03-05】 논어 자로 제13편

爲學이 在於日用行事之間하니 若於平居에 居處恭하며 執事敬하며 與人忠이면 則是名爲學이니 讀書者는 欲明此理而已니라.

위학이 **재어일용행사지간**하니 **약어평거**에 **거처공**하며 **집사경**하며 **여인충**이면 **칙시명위학**이니 **독서자**는 **욕명차리이이**니라.

---

43) 『논어(論語)』 12편 안연편(顔淵篇) 1~2장(章), 4물(四勿)인 시(視)·청(聽)·언(言)·동(動)은 몸의 쓰임이다.

배우는 것은 매일 항상 행하는 일 가운데에 있으니, 만약 평소 살아갈 때 거처함을 공손히 하고, 일을 처리하기를 공경스럽게 하고, 진실하게 남을 대하면, 이것을 일컬어 배우는 것이라고 하는 것이니, 책을 읽는 것은 이러한 이치를 밝히고자 하는 것일 뿐이다.

【03-06】

衣服은 不可華侈라 禦寒而已요 飮食은 不可甘美라 救飢而已 居處는 不可安泰라 不病而已니 惟是學問之功 心術之正 威義之則은 則日勉勉而不可自足也니라.

의복은 **불가화치**라 **어한이이**요 **음식**은 **불가감미**라 **구기이이요 거처**는 **불가안태**라 **불병이이**니 **유시학문지공 심술지정 위의지칙**은 **일면면이불가자족야**니라.

의복은 화려하고 사치스럽게 해서는 안 되니 추위를 막을 정도면 될 뿐이고, 음식은 달고 맛있는 것을 찾아서는 안 되니 굶주림을 모면할 정도면 된다. 거처는 편안한 것을 구해서는 안 되니 병이 나지 않을 정도면 될 뿐이다. 오직 학문하는 노력과 마음을 수양하는 올바른 방법과 몸가짐의 법도는 날마다 부지런히 힘써야 하며, 스스로 만족하게 여겨서는 안 된다.

【03-07】 논어 안연 제12편

克己工夫 最切於日用하니 所謂己者는 吾心所好 不合天理之謂也라 必須檢察吾心이 好色乎아 好利乎아 好名譽乎아 好仕宦乎아 好安逸乎아 好宴樂乎아 好珍玩乎아하여 凡百所好 若不合理어든 則一切痛斷하여 不留苗脈然後에야 吾心所好 始在於義理하여 而無己可克矣리라.

극기공부 최절어일용하니 **소위기자**는 **오심소호 불합천리지위야**라 **필수검찰오심**이 **호색호**아 **호리호**아 **호명예호**아 **호사환호**아 **호안일호**아 **호연락호**아 **호진완호아**하여 **범백소호 약불합리**어든 **즉일절통단**하여 **불류묘맥연후**에야 **오심소호 시재어의리**하여 **이무기가극의**리라.

자기의 욕심을 이기려는 공부가 일상생활에 꼭 필요하니, 이른바 자기라는 것은 내 마음이 좋아하는 것이 하늘의 이치에 합당치 않는 것을 말한다. 반드시 내 마음이 여색을 좋아하는가? 이익을 좋아하는가? 명예를 좋아하는가? 벼슬을 좋아하는가? 편안하게 지내기를 좋아하는가? 잔치하고 즐기기를 좋아하는가? 값지고 귀한 물건을 좋아하는가를 살펴서, 대체로 자신이 좋아하는 모든 것이 만약 하늘의 이치를 맞지 않거든, 모든 것을 매섭고 세차게 끊어서 일의 싹과 단서를 없애버린 뒤에야 내 마음이 좋아하는 것을 비로소 바른 이치에 두게 되므로 이겨내야 할 자기의 욕심이 없게 될 것이다.

【03-08】 논어 헌문 제14편

多言多慮 最害心術하니 無事 則當靜坐存心하고 接人則當擇言簡重하여 時然後言이면 則言不得不簡이니 言簡者近道니라.

다언다려 최해심술하니 **무사 즉당정좌존심**하고 **접인즉당택언간중**하여 **시언후언**이면 **측언불득불간**이니 **언간자근도**니라.

말을 많이 하고, 생각을 많이 하는 것은 마음을 수양하는데 가장 해로우니, 할 일이 없으면 마땅히 조용히 앉아 마음을 보존하고, 사람을 대할 때에는 마땅히 말을 가려서 간결하고 신중하게 하며, 때에 맞게 말을 하면 말이 간결하지 않을 수 없을 것이니, 말을 간결하게 하는 사람은 도에 가깝다.

【03-09】 효경대의 제1장 / 중용장구 제8장

非先王之法服이어든 不敢服하며 非先王之法言이어든 不敢道하며 非先王之德行이여든 不敢行이니 此當終身服膺者也니라.

비선왕지법복이어든 **불감복**하며 **비선왕지법언**이어든 **불감도**하며 **비선왕지덕행**이여든 **불감행**이니 **차당종신복응자야**니라.

선왕 때 제정된 옷이 아니면 감히 입을 수 없고, 선왕의 법도가 되어 본받을 만한 말이 아니면 감히 말할 수 없으며, 선왕의 덕행이 아니면 감히 행동할 수 없으니, 이것은 마땅히 죽을 때까지 가슴속에 새겨야 할 것이다.

【03-10】 논어 양화 제17편, 포박자[44] 외편 백리

爲學者一味向道하여 不可爲外物所勝이니 外物之不正者를 當一切不留於心하여 鄕人會處에 若設博奕樗蒲等戱어든 則當不寓目하여 逡巡引退하고 若遇倡妓作歌舞어든 則必須避去요 如値鄕中大會하여 或尊長强留하여 不能避退어든 則雖在座나 而整容淸心하여 不可使奸聲亂色으로 有干於我라 當宴飮酒에 不可沈醉요 浹洽而止 可也니라 凡飮食은 當適中이니 不可快意有傷乎氣며 言笑는 當簡重이니 不可喧譁以過其節이며 動止는 當安詳이니 不可粗率以失其義니라.

위학자일미향도하여 **불가위외물소승**이니 **외물지부정자**를 **당이절불류어심**하여 **향인회처**에 **약설박혁저포등희**어든 **칙당불우목**하여 **준순인퇴**하고 **약우창기작가무**어든 **칙필수피거**요 **여치향중대회**하여 **혹존장강류**하여 **불능피퇴**어든 **즉수재좌**나 **이정용청심**하여 **불가사간성란색**으로 **유간어아**라 **당연음주**에 **불가침취**요 **협흡이지 가야**니라 **범음식**은 **당적중**이니 **불가쾌의유상호기**며 **언소**는 **당간중**이니 **불가훤화이과기절**이며 **동지**는 **당안상**이니 **불가조솔이실기의**니라.

배우려고 하는 사람은 오로지 도를 향하여야 하고, 외부의 물욕에 의해 (자신이) 부림을 당하지 않아야 할 것이니, 외부의 물욕 중에서 바르지 못한 것은 마땅히 모두 마음에 두지 않아야 한다. 마을 사람들이 모인 장소에서 만일 장기·바둑·저포(樗蒲) 등의 놀이를 하여도 마땅히 눈

---

44) 『포박자(抱朴子)』에는 바둑과 저포 때문에 생업이 파괴될 정도다(惑有圍碁樗蒲而廢政務者矣)라는 기록이 나오는데, 포박자는 동진의 갈홍(284-343)이 지은 책이다. 개인 저작물이 아닌 『사서(史書)』라는 공인된 출판물에 바둑이 등장하는 것은 남북조시대지만 널리 알려진 내용은 기대조(碁待詔)다.

으로 쳐다보지 말고 뒷걸음질로 물러나야 하고, 만일 여자 광대와 기생들이 노래하고 춤을 추는 것을 만나면 반드시 피해 가야 할 것이다.

만약 마을의 큰 모임을 만나거나 또는 마을 어른이 억지로 붙잡아서 피하여 물러갈 수 없다면 비록 (그) 자리에 함께 있더라도 용모를 단정히 하고 마음을 맑게 하여 간사한 목소리와 음란한 얼굴빛이 나를 침범하지 못하도록 해야 한다.

잔치를 맞이하여 술을 마실 때 심하게 취해서는 안 되고, 알맞게 마신 후에 그치는 것이 좋다. 모든 음식은 마땅히 알맞게 먹어야 하니, 마음껏 먹다가 기를 손상하게 하면 안 된다.

말과 웃음은 마땅히 간결하고 신중히 하며, 시끄럽게 떠들며 그 절도에 지나치는 일이 없어야 한다. 행동거지는 침착하고 조심스럽게 할 것이니, 거칠고 경솔하게 하여 그 몸가짐을 잃지 않아야 한다.

【03-11】 주역전의 곤괘 62효

有事則以理應事하고 **讀書則以誠窮理**하여 **際二者外**엔 **靜坐收斂此心**하여 **使寂寂 無紛紀之念**하고 **惺惺 無昏昧之失**이 **可也**니 **所謂敬以直內者如此**니라.

유사측이리응사하고 **독서측이성궁리**하여 **제이자외**엔 **정좌수렴차심**하여 **사적적 무분기지념**하고 **성성 무혼매지실**이 **가야**니 **소위경이직내자여차**니라.

일이 생기면 순리에 맞게 처리하고, 책을 읽을 때 정성스런 마음으로 이치를 따져 깊이 생각하고, 이 두 가지를 제외하고도 조용히 앉아 마음을 가다듬고, 고요한 가운데 복잡하게 일어나는 잡스러운 생각이 없게 하며, (마음으로 하여금) 어리석고 사리에 어두운 생각이 없도록 해야 한다. 이른바 "공경으로 마음을 바르게 한다."는 것이 이와 같은 것이다.

【03-12】 채근담 전집 132장, 근사록집해 권지14 관성현

當正身心하여 表裏如一이니 處幽如顯하며 處讀如衆하여 使此心如青天白日을 人得而見之니라.

당정신심하여 **표리여일**이니 **처유여현**하며 **처독여중**하여 **사차심여청천백일**을 **인득이견지**니라.

마땅히 몸과 마음을 바르게 하여 겉과 속이 한결같아야 하며, 보이지 않는 곳에 있더라도 보이는 것처럼 하고, 혼자 있을 때에도 여러 사람이 있는 것처럼 하여, 푸른 하늘의 밝은 해와 같은 마음으로 사람들이 그것을 볼 수 있도록 하여야 한다.

【03-13】 맹자 공손추 상

常以行一不義 殺一不辜而得天下라도 不爲低意思로 存諸胸中이니라.

상이행일불의 살일불고이득천하라도 **불위저의사**로 **존제흉중**이니라.

언제든지 '한 가지라도 바르지 못한 일을 행하고, 한 사람이라도 죄 없는 사람을 죽여서 천하를 얻게 되더라도 (그렇게는) 하지 않겠다.'는 생각을 가슴 속에 가지고 있어야 한다.

【03-14】 근사록집해 권지2 위학

居敬以立其本하며 窮理以明乎善하며 力行以踐其實이니 三者는 終身事業也니라.

거경이립기본하며 **궁리이명호선**하며 **역행이천기실**이니 **삼자**는 **종신사업야**니라.

경을 실천함으로써 근본을 세우고, 이치를 따져 깊이 생각함으로써 선을 밝히는 것이며, 힘써 행함으로써 그 진실을 실천하는 것이니, 이 세 가지는 죽을 때까지 해야 할 일이다.

【03-15】 논어 위정 제2편, 시경집전 노송·경 / 예기 곡례 상

思無邪 毋不敬只此二句는 一生受用이라도 不盡이니 當揭諸壁上하여 須臾不可忘也니라.

사무사 무불경지차이구는 **일생수용**이라도 **불진**이니 **당게제벽상**하여 **수유불가망야**니라.

"생각에 사악함이 없다"라는 것과 "늘 공경하고 배려하라"라는 오직 이 두 구절만은 한 평생 받아 쓰더라도 끝이 없으니, 마땅히 이것을 벽 위에 써 붙이고 잠시라도 잊어서는 안 될 것이다.

【03-16】 논어 학이 제1편 / 논어 태백 제8편

每日에 頻自點檢하여 心不存乎야 學不進乎야 行不力乎아하여 有則改之하고 無則加勉하여 孜孜無怠하여 斃而後已니라.

매일에 **빈자점검**하여 **심불존호**야 **학불진호**야 **행불력호아**하여 **유즉개지**하고 **무즉가면**하여 **자자무태**하여 **폐이후이**니라.

날마다 자신을 돌아보고 반성하되 마음을 보존하지 않은 때가 없었는지? 학문에 진전이 없지는 않았는지? 행실에 힘쓰지 않은 것이 있었는지? 있으면 그것을 고치고, 없으면 더 부지런히 힘쓰고 힘써서 게을리 하지 말며, 죽을 때까지 한 뒤에야 그쳐야 할 것이다.

第四 讀書章(제4 독서장)
독서의 방법과 자세를 말하다.

【04-01】 주자독서법 권1 강령 / 성리대전서 권44 학이

學者常存此心하여 不被事物所勝이요 而必須窮理明善然後에 當行之道 曉然在前하여 可以進步라 故로 入道莫先於窮理하고 窮理莫先乎讀書하니 以聖賢用心之迹과 及善惡之可效可戒者 皆在於書故也니라.

학자상존차심하여 **불피사물소승**이요 **이필수궁리면선연후**에 **당행지도 효연재전**하여 **가이진보**라 **고**로 **입도막선어궁리**하고 **궁리막선호독서**하니 **이성현용심지적**과 **급선악지가효가계자 개재어서고야**니라.

배우는 사람은 항상 이 마음을 가져야 하는데 (겉으로 드러난) 사물에 (자신이) 휘둘리지 않아야 하고, 반드시 사물의 이치를 따져 깊이 터득하여 선을 밝힌 뒤에 마땅히 실행할 도리가 분명히 앞에 나타나게 되어 나아갈 수가 있는 것이다.

그러므로 도리를 깨우치려면 사물의 이치를 따져 깊이 터득하는 것보다 먼저 할 것이 없고, 사물의 이치를 따져 깊이 터득함은 책을 읽는 것보다 먼저 할 것이 없으니, 성현들의 마음가짐에 대한 흔적과 선을 본받고, 경계해야 할 악이 모두 책에 들어있기 때문이다.

【04-02】 근사록집해 권지4 존양, 대학연의 권29, 맹자 고자장구 상

凡讀書者 必端拱危坐하여 敬對方冊하여 專心致志하고 精思涵泳하여 深解義趣하고 而每句에 必求踐履之方이니 若口讀而心不體身不行이면 則書自書 我自我니 何益之有리오.

범독서자 필단동위좌하여 **경대방책**하여 **전심치지**하고 **정사함영**하여 **심해의취**하고 **이매구**에 **필구천리지방**이니 **약구독이심불체신불행**이면 **즉서자서 아자아**니 **하익지유**리오.

무릇 책을 읽는 사람은 반드시 단정히 손을 모으고 반듯하게 앉아서 경건한 마음으로 책을 마주하여 온 마음과 힘으로 뜻을 다하며, 자세히 생각하고 익숙히 알고 깊이 생각하여 글의 의미와 바라는 것을 깊이 이해하되 반드시 구절마다 실천할 방법을 반드시 찾아야 한다. 만일 입으로만 읽고 마음으로 얻지 못하여 몸으로 실행하지 못한다면 책은 책일 뿐이고, 나는 나일 뿐이니 무슨 이로움이 있겠는가?

【04-03】 의려집[45] 권1 언행록

先讀小學하여 於事親과 敬兄과 忠君과 弟長과 隆師와 親友之道에 一一詳玩而力行之니라.

선독소학하여 **어사친**과 **경형**과 **충군**과 **제장**과 **륭사**와 **친우지도**에 **일일상완이력행지**니라.

---

45) 중국 명(明) 나라 학자 하흠(賀欽)이 성화(成化) 연간에 벼슬을 그만두고 의무려산(醫無閭山) 아래에 퇴거하여 학문을 연구하면서 지은 책이다.

먼저 『소학』[46]을 읽어서 어버이를 섬기고 형을 공경하며, 임금에게 충성하고 웃어른에게 공경하며, 스승을 높이고 벗과 친하게 지내는 도리를 알고, 하나하나 자세하게 익혀서 힘써 실행해야 할 것이다.

【04-04】 근사록집해 권지2 위학, 경의고[47] 권255 사서

次讀大學及或問하여 於窮理 正心 修己 治人之道에 一一眞知而實踐之니라.

차독대학급혹문하여 **어궁리 정심 수기 치인지도**에 **일일진지이실천지**니라.

다음으로 『대학』과 대학 『혹문』[48]을 읽어서 이치를 터득하고 마음을 바르게 하며, 자기의 몸을 닦고 사람을 다스리는 도리에 대해 하나하나 참되게 알고 이를 성실하게 실천해야 할 것이다.

---

46) 『소학(小學)』은 송나라 주자 또는 그의 제자 유자징(劉子澄)이 1187년에 편찬한 책으로 내편 4권 외편 2권의 6권으로 편찬된 유학서로 일상생활의 예의규범과 수양에 필요한 격언, 충효의 사적을 수록한 책이다.

47) 『경의고(經義考)』는 중국 청나라 때에 주이준이 편찬한 300권의 책으로 중국의 경서를 역(易), 서(書), 시(詩) 따위의 29항목으로 분류하고 목록을 작성하였다.

48) 『대학(大學)』은 송대에 주희가 예기에서 『중용(中庸)』과 『대학』 두 편을 독립하여 사서체재로 확립한 것을 말하며, 저자는 공자의 손자인 자사로 알려져 있지만 증자라고도 한다. 『대학』은 송나라 주희가 49편의 『예기(禮記)』 중에서 『중용』과 『대학』을 분리하여 사서중심체계를 확립하면서 별도의 책으로 분리 되었다. 『혹문(或問)』은 학문서의 기초교재 또는 기본서를 말한다.

【04-05】 순자집해 강국편 제16, 근사록집해 권지1 도체, 논어 주소(註疏) 술이 제7편, 통감절요 권지39 당기 외

次讀論語하여 於求仁爲己 涵養本原之功에 一一精思而深體之니라.

차독논어하여 **어구인위기 함양본원지공**에 **일일정사이심체지**니라.

다음으로는 『논어』를 읽어서 인을 구하고 자신을 위한 공부를 하며, 근본과 원인을 기르고 닦는 공부를 하여 하나하나 자세히 생각하고 깊이 몸으로 느껴야 할 것이다.

【04-06】 장자 제6편 대종사 제1장, 대학연의 권11, 근사록집해권지2 위학

次讀孟者하여 於明辨義利 遏人慾 存天理之說에 一一明察而擴充之니라.

차독맹자하여 **어명변의리 알인욕, 존천리지설**에 **일일명찰이확충지**니라.

그 다음으로 『맹자』[49] 를 읽어서 의리와 이익을 밝게 구별하는 일과 사람의 욕망을 막고 하늘의 이치를 보존하는 말에 대해 하나하나 밝게 살펴서 넓혀서 채워 나가야 한다.

---

49) 『맹자(孟子)』는 공자 사후 기원전 4세기경(BC 372~289년)의 인물로 공자의 제자 문하에서 공부를 하여 전국시대 각 제후국을 주유하며 자신의 이상을 실현하고자 한 인물이다. 맹자의 사상은 공자의 인의(仁義)를 바탕으로 한 왕도정치를 주창한 것으로 민본위주의 사상과 성선의 논리를 자신의 저술에 수록하였다.

【04-07】 대학연의 권11, 중용장구 제1장 / 중용장구 제1장

次讀中庸하여 於性情之德 推致之攻 位育之妙 一一玩索而有得焉이니라.

차독중용하여 **어성정지덕 추치지공 위육지묘 일일완색이유득언**이니라.

그 다음에는 『중용』[50] 을 읽어서 타고난 품성과 외적인 심정의 덕과 이치를 미루어 아는 공부와 하늘과 땅의 바른 위치와 만물이 길러지는 오묘한 이치를 알고 하나하나 글의 의미를 자세히 생각하여 터득해야 한다.

【04-08】

次讀時經하여 於性情之邪正 善惡之褒戒에 一一潛繹하여 感發而懲創之니라.

차독시경하여 **어성정지사정 선악지포계**에 **일일잠역**하여 **감발이징창지**니라.

그 다음은 『시경』[51] 을 읽어서 사람의 타고난 품성과 후천적인 감정의 사악함과 올바름, 착한 것을 칭찬하고 악한 것을 경계함에 대해 하나하나 깊이 생각하여 착한 마음을 느끼고, 악한 마음을 징계하여 가다듬어야 한다.

---

50) 『중용(中庸)』은 오경의 하나인 예기에 있는 중용편이 송나라 때에 별책으로 분리되어 발간된 것으로 중(中)은 어느 쪽에도 치우치지 않는 것이고, 용(庸)은 평상을 의미한다. 오경(五經)은 공자가 편찬하거나 저술에 참여한 책으로 『서경·시경·역경·예기·춘추』를 말한다. 사서는 『논어·맹자·대학·중용』이다.

51) 『시경(詩經)』은 고대 중국의 시가를 모아 엮은 오경의 하나로 주나라 시대의 3,000여 편의 시를 공자가 311편을 골라서 편찬하였는데 현재 305편의 시가 전해진다.

【04-09】 예기 악기편 제19

次讀禮經하여 於天理之絶文 儀則之度數 一一講究而有立焉이니라.

차독예경하여 **어천리지절문 의칙지도수 일일강구이유립언**이니라.

그 다음으로 『예경』[52] 을 읽고서 하늘의 이치에 대한 글이나 규칙과 사람이 지켜야할 규범의 일정한 정도에 대해 하나하나 궁리하여 (근본을) 세우도록 해야 한다.

【04-10】 서경집전 상 서,

次讀書經하여 於二帝三王治天下之大經大法에 一一領要而遡本焉이니라.

차독서경하여 **어이제삼왕치천하지대경대법**에 **일일령요이서본언**이니라.

그 다음으로 『서경』[53] 을 읽고서 요(堯)임금, 순(舜) 임금과 하나라의 우왕(禹王), 은나라의 탕왕(湯王), 주나라의 문왕(文王)과 무왕(武王)이 천하를 다스린 바꿀 수 없는 원칙과 큰 법도에 대해 하나하나 요점을 터득하며 근본을 깨우쳐야 한다.

---

52) 『예경(禮經)』, 또는 『예기(禮記)』은 중국 고대 유가(儒家)의 경전인 오경(五經)의 하나로, 예법(禮法)의 이론과 실제를 풀이한 책으로 왕조(王朝)의 제도, 상복(喪服), 동작(動作)의 규칙, 예(禮)의 해설, 예악의 이론 등을 담고 있다. 예기는 『의례』, 『주례』와 함께 중국의 삼례(三禮) 중 하나다.

53) 『서경(書經)』은 오경(五經) 중의 하나로, 중국 상고시대(上古時代) 즉, 이제삼왕(二帝三王) 시대의 정치를 사관의 기록에 의해 작성한 것이며, 주로 정치 상황을 내용으로 담고 있지만, 당연히 천문·지리·윤리·민생 문제로 광범위하게 관련되어 있다.

【04-11】주역전의 상 서

次讀易經하여 於吉凶存亡進退消長之機에 一一觀玩而窮硏焉이니라.

차독역경하여 **어길흉존망진퇴소장지기**에 **일일관완이궁연언이**니라.

그 다음으로 『역경』[54]을 읽어서 길하고 흉한 것, 나아가고 물러남, 커짐과 약해짐의 느낌을 하나하나 관찰하고 익숙하게 하여 깊이 연구해야 한다.

【04-12】시경 첨피낙의 · 모서, 모시정의 시보 서 사마법직해서 / 죽주집[55] 상장남헌서

次讀春秋하여 於聖人賞善罰惡 抑揚操縱之微辭奧義에 一一精硏而契悟焉이니라.

차독춘추하여 **어성인상선벌악 억양조종지미사오의**에 **일일정연이결오언**이니라.

그 다음으로 『춘추』[56]를 읽어서 성인이 착한 것에 상을 주고 악한 것에 벌을 주어, (그릇된 행위를) 억누르고 (착한 행실을) 드높여 주고,

---

54) 역경(易經 또는 주역 周易)은 (경 經)·(전 傳)의 두 부분을 포함하며 대략 2만 4,000자이다. 주(周)의 문왕이 지었다고 전해진다. 괘·효(爻)의 2가지 부호를 중첩하여 이루어진 64괘·384효, 괘사, 효사(爻辭)로 구성되어 있는데, 괘상에 따라 길흉화복을 점쳤다. 주나라 사람이 간단하게 8괘로 점을 치는 책이었으므로 『주역』이라고 했다.

55) 『죽주집(竹洲集)』은 조선시대 학자 구위의 오언절구·칠언절구·오언장편·묘표음기 등을 수록한 시문집이다.

56) 『춘추(春秋)』는 오경(五經) 가운데 하나이다. 경문(經文)이 1,800여 조(條), 1만 6,500자(字)로 이루어진 최초의 편년체(編年體) 역사서로서, 춘추 시대 노(魯)나라 은공(隱公)으로부터 애공(哀公)에 이르기까지 12공(公) 242년 동안의 기록을 담고 있다.

(그릇된 행위를) 붙들고 (착한 행실을) 풀어주는 아름다운 말 속에 숨어 있는 깊은 뜻에 대해 하나하나 자세히 연구하여 깨닫도록 해야 한다.

【04-13】 논어 학이 제1편, 묵자간고 상동 제11편

五書五經을 循環熟讀하여 理會不已하여 使義理日明하고 而宋之先正所著之書에 如近思錄 家禮, 心經, 二程全書, 朱子大全, 語類와 及他性理之說을 宜間間精讀하여 使義理常常浸灌吾心하여 無時間斷하고 而餘力에 亦讀史書하여 通古今 達事變하여 以長識見이니 若異端雜類不正之書는 則不可頃刻披閱也니라.

오서오경을 **순환숙독**하여 **이회불이**하여 **사의리일명**하고 **이송지선정소저지서**에 **여근사록 가례, 심경, 이정전서, 주자대전, 어류**와 **급타성리지설**을 **의간간정독**하여 **사의리상상침관오심**하여 **무시간단**하고 **이여력**에 **역독사서**하여 **통고금 달사변**하여 **이장식견**이니 **약이단잡류불정지서**는 **측불가경각피열야**니라.

(이상의) 5서와 5경을 돌려 가며 익숙하게 읽어 이해하기를 그치지 않는다면 뜻과 이치로 하여 나날이 밝아질 것이다. 그리고 송나라의 선현들이 저술한 책으로 이를테면 『근사록(近思錄)』[57] ·『가례(家禮)』[58] ·『심

---

57) 『근사록(近思錄)』은 남송의 주자가 친구인 여조겸과 함께 주돈이, 정호, 정이, 장재의 새로운 이야기를 주제별로 편찬한 선집이다.

58) 『가례(家禮)』는 송나라 주자가 가정에서 일상에서 사용하는 예절에 관한 규범을 모아 엮은 책이다. 통례·관례·혼례·상례·장례·소상·대상 등과 서식에 관해 엮은 책으로 조선시대에 준용되어 사대부가와 왕조의 생활 근간이 되었다.

경(心經)』[59]·『이정전서(二程全書)』[60]·『주자대전(朱子大全)』[61]·『어류(語類)』와 같은 서적과 그 밖의 성리설(性理說) 같은 책을 마땅히 틈틈이 정독하여 지켜야 할 바른 도리가 항상 내 마음에 젖어 들도록 해야 하며 한시라도 끊어짐이 없어야 하고, 남은 시간에는 또한 역사책을 읽어 옛날과 지금의 일과 사건의 변화에 통달하여 지식과 견문을 길러야 한다. 그러나 이단(도교와 불교사상(異端))이나 잡다한 무리(雜類)의 바르지 못한 책의 경우에는 조금이라도 펼쳐 보아서는 안 된다.

【04-14】

凡讀書에 必熟讀一冊하여 盡曉義趣하여 貫通無疑然後에 乃改讀他書요 不可貪多務得하여 忙迫涉獵也니라.

범독서에 **필숙독일책**하여 **진효의취**하여 **관통무의연후**에 **내개독타서**요 **불가탐다무득**하여 **망박섭렵야**니라.

대체로 책을 읽을 때에는 반드시 책 한 권의 뜻을 새기면서 읽어 의미를 모두 깨달아 꿰뚫고 통달하여 의심나는 것이 없어진 뒤에 다시 다른 책을 읽어야 한다. 많이 읽는 것에 욕심을 내고 얻는 것에만 노력하여 바쁘게 두루 읽어서는 안 된다.

---

59) 『심경(心經)』은 송나라 진덕수가 시경·서경·역경·예기 등의 경전과 여러 서책에서 심성수양에 관한 격언을 모아 편찬한 책이다.

60) 『이정전서(二程全書)』의 이정자는 정호와 정이 형제를 칭하는 말이다. 주희가 집록하여 편찬작업을 한 것을 1606년 명나라의 서필달이 교정하여 간행한 책이다.

61) 『주자대전(朱子大全)』은 주희, 즉 주자의 문집이며, 『주자문집대전』이라고도 한다. 주자가 일생동안 저작한 모든 학설과 여러 학자들과의 질의응답한 서간들과 시(詩)·기(記)·명(銘)·비문(碑文)·묘지(墓誌) 등 문예에 관한 저작들을 함께 편찬한 책이며, 조선 유학자들의 필독서였다. 본편 100권 별집 11권 속집 10권의 방대한 분량이다.

第五 事親章(제5 사친장)

부모의 섬김에 대해 말하다.

【05-01】 시경집전 하 권20 소아 요아편, 대학연의 권6

凡人이 莫不知親之當孝로되 而孝者甚鮮하니 由不深知父母之恩故也라 詩不云乎아 父兮生我하시고 母兮鞠我하시니 欲報之德인댄 昊天罔極이라하니 人子之受生에 性命血肉이 皆親所遺라 喘息呼吸에 氣脈相通하니 此身이 非我私物이요 及父母之遺氣也라.

범인이 **막불지친지당효**로되 **이효자심선**하니 **유불심지부모지은고야**라 **시불운호**아 **부혜생아**하시고 **모혜국아**하시니 **욕보지덕**인댄 **호천망극**이라하니 **인자지수생**에 **성명혈육**이 **개친소유**라 **천식호흡**에 **기맥상통**하니 **차신**이 **비아사물**이요 **급부모지유기야**라.

대체로 사람들이 부모님에게 당연히 효도해야 하는 것을 알면서도 효도하는 사람이 매우 드문데, (이것은) 부모님의 은혜를 깊이 알지 못하는 데에서 시작된 것이다.

시경에 말하지 않았는가? "아버님은 나를 낳으시고, 어머님은 나를 기르시니, 그 은덕을 갚고자 하나 (그 은덕이) 하늘처럼 크고 넓어서 다함이 없다."라고 하였으니, 사람의 자녀로 생명을 받을 때에 타고난 품성과 목숨, 피와 육체가 모두 부모님께서 남겨 주신 것이다.

숨을 쉬어 호흡하는데 기와 피의 줄기가 서로 통하니, 이 몸은 내 개인의 물건이 아니고, 바로 부모님께서 남겨주신 기운이다.

【05-02】 대학연의 권7, 권 27, 자치통감강목 제 10권

故로 曰 哀哀父母여 生我劬勞라하니 父母之恩이 爲如何哉아 豈敢自有其身하여 以不盡孝於父母乎아 人能恒存此心이면 則自有向親之誠矣리라.

고로 **왈 애애부모**여 **생아구로**라하니 **부모지은**이 **위여하재**아 **기감자유기신**하여 **이불진효어부모호**아 **인능항존차심**이면 **즉자유향친지성의**리라.

그러므로 (시경에) "슬프고 슬프다. 부모님이여! 나를 낳고 기르시느라 수고하셨다."라고 하였으니, 부모님의 은혜가 어떠한 것인가? 어찌 감히 스스로 그 몸을 스스로 자기가 가졌다고 하여 부모에게 효도를 다하지 않을 수 있겠는가? 사람이 늘 이러한 마음을 지닌다면 저절로 부모님을 향한 정성이 생기게 될 것이다.

【05-03】 논어 선진 제21장

凡事父母者 一事一行을 毋敢自專하여 必稟命而後行이니 若事之可爲者를 父母不許어시든 則必委曲陳達하여 頷可而後行이요 若終不許라도 則亦不可直遂其情也니라.

범사부모자 일사일행을 **무감자전**하여 **필품명이후행**이니 **약사지가위자**를 **부모불허**어시든 **즉필위곡진달**하여 **함가이후행**이요 **약종불허**라도 **즉역불가직수기정야**니라.

대체로 부모님을 섬기는 사람은 하나의 일과 하나의 행실이라도 감히 자기 멋대로 하지 않고, 반드시 (부모님께) 허락을 받은 뒤에 행할 것이니, 만일 해야 하는 일이라도 부모님께서 허락하지 않으시면 반드시 자세히 설명하여 허락을 받은 후에 행해야 한다. 만약 끝내 허락하지 않더라도 또한 곧장 자기 뜻대로 (일을) 이루어서는 안 된다.

【05-04】 예기 곡례 상 / 예기 단궁 상, 장자 제6편 대종사 제4장

每日未明而起하여 盥櫛衣帶하고 就父母寢所하여 下氣怡聲하여 問燠寒安否하며 昏則詣寢所하여 定其褥席하고 察其溫凉하며 日間侍奉에 常愉色婉容하여 應對恭敬하고 左右就養하여 極盡其誠하며 出入에 必拜辭拜謁이니라.

매일미명이기하여 **관즐의대**하고 **취부모침소**하여 **하기이성**하여 **문욱한안부**하며 **혼즉예침소**하여 **정기욕석**하고 **찰기온량**하며 **일간시봉**에 **상유색완용**하여 **응대공경**하고 **좌우취양**하여 **극진기성**하며 **출입**에 **필배사배알**이니라.

매일 날이 밝기 전에 일어나 세수하고 머리 빗고, 옷을 입고 허리띠를 매고서 부모님의 잠자리로 나아가 기운을 낮추고 부드러운 목소리로 더운지 · 추운지 · 편안한지, 그렇지 않은지를 여쭈어야 한다.

날이 저물어 어두워지면 잠자리에 나아가 이부자리를 정돈해 드리고, 따뜻한지, 서늘한지를 살펴보며, 낮 동안 받들어 모실 때에는 항상 얼굴빛을 부드럽게 하고, 용모를 공손히 하며 공경스럽게 응대하고, 곁에서 봉양할 때에는 그 정성을 다하며, 또 집을 나가거나 들어올 때에는 반드시 절하여 말씀드리고, 뵈어야 한다.

【05-05】 소학 선행 제6

今人이 多是被養於父母하고 不能以己力養其父母하니 若此奄過日月이면 則終無忠養之時也리라 必須躬幹家事하여 自備甘旨然後에 子職乃修니 若父母堅不聽從이면 則雖不能幹家나 亦當周旋補助하여 而盡力得甘旨之具하여 以適親口 可也니라 若心心念念이 在於養親이면 則珍味를 亦必可得矣리라 每念王延이 隆冬盛寒에 體無全衣호되 而親極滋味하여 令人感歎流涕也리라.

금인이 **다시피양어부모**하고 **불능이기력양기부모**하니 **약차엄과일월**이면 **즉종무충양지시야**리라 **필수궁관기사**하여 **자비감지연후**에 **자식내수**니 **약부모견불청종**이면 **즉수불능관가**나 **역당주선보조**하여 **이진력득감지지구**하여 **이적친구가야**니라 **약심심념념**이 **재어양친**이면 **즉진미**를 **역필가득의**리라 **매념왕연**이 **융동성한**에 **체무전의**호되 **이친극자미**하여 **영인감탄류체야**리라.

요즘 사람들은 대부분 부모에게 양육만 받고 자기 힘으로 부모님을 모시지 못하니, 이렇게 하여 어느덧 세월을 보내버린다면 돌아가실 때까지 부모님을 정성으로 모실 날이 없을 것이다.

반드시 몸소 집안일을 맡아서 스스로 맛있는 음식을 마련한 뒤에야 자녀로서 할 일을 비로소 하게 된 것이다. 만일 부모님께서 굳이 들어주지 않아 비록 집안일을 맡아서 하지 못하더라도 또한, 마땅히 이리저리 움직이고 도와드려서 힘을 다해 맛있는 음식을 얻어, 부모님의 입에 맞도록 해드리는 것이 옳다.

만약에 모든 생각과 마음이 부모님을 받들어 모시고 섬기는데 있다면 맛있는 음식을 또한 반드시 얻을 수 있을 것이다. 늘 왕연(王延)[62] 이 몹시 추운 한 겨울에 자기 몸에 제대로 된 옷을 걸치지 못했지만 부모님께 맛있는 음식을 다해드렸음에 사람들이 감탄하고 눈물을 흘리게 한 것을 생각해야 할 것이다.

【05-06】 논어 위정 제7편 주(註)

人家父子間에 多是愛踰於敬하니 必須痛洗舊習하여 極其尊敬이니 父母所坐臥處에 子不敢坐臥하며 所接客處에 子不敢接私客하며 上下馬處에 子不敢上下馬 可也니라.

인가부자간에 **다시애유어경**하니 **필수통세구습**하여 **극기존경**이니 **부모소좌와처**에 **자불감좌와**하며 **소접객처**에 **자불감접사객**하며 **상하마처**에 **자불감상하마 가야**니라.

사람들이 가정에서 부모와 자녀 간에는 부모의 자녀 사랑이 자녀의 부모 공경보다 지나친 경우가 많다. 반드시 낡은 습관을 철저히 씻어 버리고 존경을 다 해야 한다. 부모가 앉고 누워계시는 곳에는 자녀가 감히 앉거나 눕지 않아야 하며, 부모가 손님을 맞이하시는 곳에서 자녀가 감히 (자신의) 손님을 맞이해서는 안 되며, 부모가 말을 타고 내리시는 곳에는 자녀가 감히 말을 타고 내려서는 안 된다.

---

62) 중국 진(晋)나라 서하(西河) 사람으로 효성이 지극했는데, 계모가 부들 줄기나 짧은 마를 주어 옷을 누벼 입게 했어도 불평 한마디 없었으며, 한 겨울에 물고기를 잡아오라는 계모의 말에 군소리 없이 나선 왕연은 물고기를 잡을 수 없자 얼음을 두드리며 울었고, 갑자기 잉어가 솟아올라 대접하니 계모도 이 일에 느낀 게 있어 이후 친자식처럼 대하였다고 한다.

【05-07】 예기 내칙

父母之志 若非害於義理어든 則當先意承順하여 毫忽不可違요 若其害理者는 則和氣怡色柔聲以諫하여 反覆開陳하여 必期於聽從이니라.

부모지지 약비해어의리어든 **즉당선의승순**하여 **호홀불가위**요 **약기해리자**는 **즉화기이색유성이간**하여 **반복개진**하여 **필기어청종**이니라.

부모의 뜻이 만일 옳은 것과 이치에 어긋난 것이 아니면, 당연히 부모의 뜻을 먼저 받들여 순종하고 조금이라도 소홀히 해서는 안 된다. 만일 부모님의 뜻이 이치에 어긋나는 것이면 기운을 온화하게 하고, 얼굴빛을 환하게 하고, 목소리를 부드럽게 하여 말씀드리고, 반복하여 자세히 말씀드려 반드시 (부모가) 듣고 따라주시도록 하여야 한다.

【05-08】 예기 곡례 상, 소학 명륜 제2, 사자소학

父母有疾이어시든 心憂色沮하여 捨置他事하고 只以問醫劑藥爲務니 疾止어시든 復初니라.

부모유질이어시든 **심우색저**하여 **사치타사**하고 **지이문의제약위무**니 **질지**어시든 **복초**니라.

부모께서 병환이 있으시면 근심하는 마음과 염려하는 기색으로 다른 일은 제쳐두고 오로지 의사에게 묻고 약을 짓는 일에만 힘쓰고, 병환이 나으시면 다시 처음으로 돌아가야 (모셔야) 한다.

【05-09】

日用之間, 一毫之頃을 不忘父母然後에 乃名爲孝니 彼持身不謹하며 出言無章하여 嬉戲度日者는 皆是忘父母者也니라.

일용지간, 일호지경을 불망부모연후에 내명위효니 피지신불근하며 출언무장하여 희희도일자는 개시망부모자야니라.

일상생활 중에 잠시라도 부모님을 잊지 않아야 효도한다고 이름할 수 있다. 제 몸가짐을 조심하지 아니하면서, 말하는 것에 정도가 없고, 장난을 즐기며 세월을 보내는 사람은 모두 그 부모를 잊은 사람들이다.

【05-10】 왕안석의 시 '송교수재귀고우'

日月이 如流하여 事親을 不可久也라 故로 爲子者須盡誠竭力하여 如恐不及이 可也니라 古人詩曰 古人一日養을 不以三公換이라하니 所謂愛日者如此니라.

일월이 여류하여 사친을 불가구야라 고로 위자자수진성갈력하여 여공불급이 가야니라 고인시왈 고인일일양을 불이삼공환이라하니 소위애일자여차니라.

세월은 흐르는 물과 같아서 부모님을 오래 섬길 수 없다. 그러므로 자녀가 된 사람은 모름지기 정성과 힘을 다하여 섬기고, (여기에) 미치지 못할 것을 두려워해야 한다. 옛사람의 시에 이르기를 "하루에 (부모를) 받들어 모시는 것을 삼정승의 (지위)와도 바꾸지 않는다."라고 하였으니 이른바 하루를 아껴 (부모님을 섬기는 사람은) 이와 같은 것이다.

第六 喪制章(제6 상제장)
상례의 의미와 절차를 말하다.

【06-01】 가례 상례 1

喪制는 當一依朱文公家禮니 若有疑晦處어든 則質問于先生長者識禮處하여 必盡其禮 可也니라.

상제는 **당일의주문공가례**니 **약유의회처**어든 **즉질문우선생장자식례처**하여 **필진기례 가야**니라.

상중에 행하는 예절에 관한 제도는 마땅히 한결같이 주문공(주자)의 『가례』[63] 를 따라야 하니, 만일 의심스럽거나 모르는 것이 있으면 선생이나 웃어른, 예를 아는 곳에 질문해서 반드시 그 예를 다하는 것이 옳다.

【06-02】 가례 상례 1

復時에 俗例必呼小字하니 非禮也라 少者則猶可呼名이어니와 長者則不可呼名이요 隨生時所稱이 可也니라. (婦女尤不宜呼名)

63) 문공가례(文公家禮)라고도 한다. 5권. 부록 1권. 그러나 이것은 후인(後人)의 의탁(依托)이라는 설도 있다. 한국에 전해진 것은 고려 말 주자학과 함께 전래가 되었으며, 그 뒤 명(明)나라 성화(成化) 연간에 구준(丘濬)이 위의 주자가례를 기초로 하여 여기에 의절고증(儀節考證)·잡록(雜錄)을 추가하여 문공가례의절(文公家禮儀節) 8권을 만들었다. 관(冠)·혼(婚)·상(喪)·제(祭) 사례(四禮)에 관한 예제(禮制)로서의 이 주자가례는 조선시대에 이르러 주자학이 국가 정교(政教)의 기본강령으로 확립되면서 그 준행(遵行)이 강요되어 처음에는 왕가와 조정 중신에서부터 사대부(士大夫)의 집안으로, 다시 일반 서민에까지 보편화 되기에 이르렀다.

복시에 **속례필호소자**하니 **비례야**라 **소자즉유가호명**이어니와 **장자즉불가호명**이요 **수생시소칭**이 **가야**니라. (**부녀우불의호명**)

죽은 사람의 혼을 부를 때에[64] 세상의 관례는 반드시 어린 시절의 이름을 부르는데, (이것은) 예의가 아니다. 젊은 사람이 죽었을 경우는 그래도 이름을 부를 수는 있지만, 어른의 경우에는 이름을 불러서는 안 되며, 살아 있을 때 부르던 것을 따르는 것이 옳다. (부녀자일 경우에는 더더욱 이름을 불러서는 안 된다.)

【06-03】 예기 분상

母喪에 父在則父爲喪主니 凡祝辭를 皆當用夫告妻之例也니라.

모상에 **부재즉불위상주**니 **범축사**를 **개당용부고처지례야**니라.

어머님이 돌아가셨을 때 아버님이 살아 계시면 아버님이 상주가 되니, 대체로 축사[65]는 모두 마땅히 남편이 아내에게 알리는 예로서 해야 한다.

---

64) 복시(復時)는 고복(皐復)을 말하는데 고복이란 임종 후 망인이 입던 상의를 가지고 지붕에 올라가 북쪽을 향하여 주소나 직함, 본관 또는 관직명을 부르며 '복'이라고 세 번 외치는 것을 말한다. 이를 초혼이라 하는데 초혼은 혼이 돌아오기를 기대하는 행위이고 동시에 신에게 고하는 행위이기도 하다. 초혼한 옷은 지붕에 얹어 놓거나 망인의 가슴 위에 얹어 놓고 망자의 자식과 며느리 등 상주는 머리를 풀게 된다.

65) 일반인들의 경우에 죽음을 졸(卒)이라 하고 사대부 이상의 경우는 종(終)이라 한다. 임종은 마지막 망자에 대한 예우로 종(終)으로 쓴다.

【06-04】 가례 상례1 / 예기 단궁 상

父母初沒에 妻妾婦及女子는 皆被髮하고 男子則被髮扱上衽徒跣이니라. (小斂後 男子則袒括髮 婦人則髽) 若子爲他人後者와 及女子已嫁者는 皆不被髮徒跣이니라. (男子則免冠)

부모초몰에 **처첩부급여자**는 **개피발**하고 **남자즉피발급상임도선**이니라. (**소렴후 남자즉단괄발부인즉좌**) **약자위타인후자**와 **급여자이가자**는 **개불피발도선**이니라. (**남자즉면관**)

부모님이 돌아가시자마자 아내와 첩, 며느리와 딸은 모두 머리를 풀고, 남자들은 머리를 풀고 옷깃을 걷어 올리며 맨발을 한다. (시신에 새로 지은 옷을 입히고 이불로 싸매고(소렴 小斂) 난 뒤에는 남자는 (죄인처럼) 왼쪽 어깨를 드러내고(단갈 袒褐) 머리를 묶으며, 부녀자는 머리를 뭉뚱그려 들어 올려 묶는다.) 만일에 아들인데 남의 양자(養子)가 되었거나 딸인데 시집을 간 사람은 모두 머리를 풀거나 맨발을 하지 않는다. (남자는 갓을 벗는다.)

【06-05】 가례 상례1

尸在牀而未殯엔 男女位于尸傍이면 則其位南上이니 以尸頭所在爲上也요 旣殯之後엔 女子則依前位于堂上호되 南上하고 男子則位于階下호되 其位當北上이니 以殯所在爲上也요 發引時엔 男女之位 復南上이니 以靈柩所在爲上也니 隨時變位而各有禮意니라.

시재상이미빈엔 **남녀위우시방**이면 **즉기위남상**이니 **이시두소재위상야**요 **기빈지후**엔 **여자즉의전위우당상**호되 **남상**하고 **남자즉위우계하**호되 **기위당북상**이니 **이빈소재위상야**요 **발인시**엔 **남녀지위 부남상**이니 **이영구소재위상야**니 **수시변위이각유예의**니라.

시신이 침상에 있어 아직 빈소를 차리지 않았을 때에 남자와 여자가 시신의 곁에 자리하게 되면 그 위치는 남쪽을 윗자리로 삼으니, (이는) 시신의 머리가 있는 곳을 윗자리로 삼기 때문이다.

이미 빈소를 차린 뒤에는 여자들은 앞에서와 마찬가지로 당(堂)의 위에 자리 잡는데 남쪽을 윗자리로 삼고, 남자들은 뜰 아래에 자리하는데 그 위치는 당연히 북쪽을 윗자리로 삼으니, 이것은 빈소가 있는 곳을 윗자리로 하기 때문이다.

발인(發引)[66] 할 때 남녀의 위치가 다시 남쪽을 윗자리로 하니, 시신의 관이 있는 곳을 윗자리로 삼기 때문이다. 이와 같이 때에 따라 위치가 변하는 것은 각각 예의에 의미가 있는 것이다.

---

66) 상례의 하나로 상여가 빈소를 떠나 묘지로 떠나는 절차를 말하며 발인(發靷)이라고 쓰기도 한다.

【06-06】 가례 상례1

今人이 **多不解禮**하여 **每弔客致慰**에 **專不起動**하고 **只俯伏而已**하니 **此非禮也**라 **弔客**이 **拜靈座而出**이어든 **則喪者當出自喪次**하여 **向弔客**하여 **再拜而哭**이 **可也**니라. (**弔客當答拜**)

금인이 **다불해례**하여 **매조객치위**에 **전불기동**하고 **지부복이이**하니 **차비례야**라 **조객**이 **배영좌이출**이어든 **즉상자당출자상차**하여 **샹조객**하여 **재배이곡**이 **가야**니라. (**조객당답배**)

요즘 사람들은 대부분 예의를 이해하지 못하여, 조문하는 손님이 위로할 때마다 전혀 일어나서 움직이지 않은 채 단지 엎드려 있기만 하니, 이것은 예의가 아니다.

조문하는 손님이 영전(靈前)에 절하고 나오면 상주는 마땅히 상주가 머무는 방에서 나와 조문 손님을 향하여 두 번 절하고 소리내어 우는 것이 옳다. (조문 손님도 당연히 답절을 하여야 한다.)

【06-07】 가례 상례1

衰絰[67] 은 **非疾病服役**이면 **則不可脫也**니라.

최질은 **비질병복역**이면 **즉불가탈야**니라.

상중에 입는 삼베옷(喪服)과 머리에 쓰는 둥근테(首絰)와 상복의 허리에 두르는 띠 (腰絰)은 질병이 있거나 일하는 경우가 아니면 벗지 않는다.

---

67) 수질(首絰)은 머리에 쓰고 요질(腰絰)은 허리에 감는다. 옛날에는 '부모의 죽음을 자식이 하늘에 죄를 얻는다.'라는 관념이 있었다. 죄인 된 자식의 입장에서 자기의 몸을 편히 하기 위해 상복을 벗는 것은 큰 불효에 속했다.

【06-08】 예기 간전

家禮에 **父母之喪**엔 **成服之日**에 **始食粥**하고 **卒哭之日**에 **始疏食(糲飯也) 水飮**하고 **(不食羹也) 不食菜果**하며 **小祥之後**에 **始食菜果**하니 **(羹亦可食) 禮文如此**하니 **非有疾病**이면 **則當從禮文**이니라 **人或有過禮而啜粥三年者**하니 **若是誠孝出人**하여 **無一毫勉强之意**면 **則雖過禮**라도 **猶或可也**어니와 **若誠孝未至**어늘 **而勉强踰禮**면 **則是自欺而欺親也**니 **切宜戒之**니라.

가례에 **부모지상**엔 **성복지일**에 **시식죽**하고 **졸곡지일**에 **시소식 (려반야) 수음**하고 **(불식갱야) 불식다과**하며 **소상지후**에 **시식다과**하니 **(갱역가식) 예문시차**하니 **비유질병**이면 **즉당종례문**이니라 **소혹유과례이철죽삼년자**하니 **약시성효출인**하여 **무일호면강지의**면 **즉수과례**라도 **유혹가야**어니와 **약성효미지**어늘 **유면강유례**면 **즉시자기이기친야**니 **절의계지**니라.

『가례(家禮)』에 부모님의 초상에는 상복을 입는 날에야 비로소 죽을 먹고, 삼우제가 지난 뒤에 첫 강일에 지내는 제삿날에 비로소 거친 밥 (곱게 빻지 않은 곡식으로 지은 밥)과 물을 마시고 (국은 먹지 않는다.) 채소와 과일을 먹지 않으며, 돌아 가신지 일년 만에 지내는 제사 (소상 小祥) 후에야 비로소 채소와 과일을 먹는다. (국물도 먹을 수 있다.) 예문(禮文)이 이와 같으니, 질병에 걸리지 않았으면 당연히 예법을 따라야 한다.

어떤 사람은 예법이 지나쳐서 3년 동안 죽만 먹는 자가 있다고도 하는데, 만일 그 사람의 효도하는 마음이 남보다 뛰어나서 조금이라도 억지로 하는 뜻이 없다면 비록 예법에 지나침이 있기는 하나 그래도 오히려 옳은 것이다. 그러나 효도하는 마음이 지극하지 못하면서 억지로 하여 예법을 지나치게 따르려 한다면 이것은 자신을 속이고 부모님을 속이는 것이니, 마땅히 엄하게 삼가야 한다.

【06-09】 장자 천운

今之識禮之家 多於葬後返魂하니 **此固正禮**로되 **但時人效顰**하여 **遂廢廬墓之俗**하고 **返魂之後**에 **各還其家**하여 **與妻子同處**하여 **禮坊大壞**하니 **甚可寒心**이라 **凡喪親者 自度一一從禮**하여 **無毫分虧欠**이어든 **則當依禮返魂**이어니와 **如或未然**이면 **則當依舊俗廬墓 可也**니라.

금지식례지가 다어장후반혼하니 **차고정례**로되 **단시인효빈**하여 **수폐려묘지속**하고 **반혼지후**에 **각환기가**하여 **여처자동처**하여 **예방대괴**하니 **심가한심**이라 **범상친자 자탁일일종례**하여 **무호분휴흠**이어든 **즉당의례반혼**이어니와 **여혹미연**이면 **즉당의구속려묘 가야**니라.

오늘날 예의를 아는 집안에서는 대부분 장례를 마친 뒤에 돌아가신 분의 혼을 집에 신주로 모시는 일을 하니, 이것은 진실로 바른 예법이다. 다만 요즈음 사람들은 남의 흉내를 내어 마침내 상주가 무덤 옆에 초막을 짓고 시묘살이를 하는 풍속을 없애고 신주를 모신 뒤에 각각 자기 집으로 돌아가 처자식들과 함께 생활하여, 예법이라는 언덕이 크게 무너졌으니, 매우 한심스러운 일이다.

대체로 부모님을 여읜 사람은 하나하나 상례를 따랐는지 스스로 헤아려 조금도 어긋남이 없었다고 생각되면 마땅히 예법에 따라 신주를 모실 것이고, 만일 혹 그렇지 못했다면 옛 풍속에 따라 시묘살이를 하는 것이 옳은 것이다.

【06-10】 예기 단궁 상

親喪엔 成服之前에 哭泣을 不絶於口하고 (氣盡則令婢僕代哭) 葬前에 哭無定時하여 哀至則哭하며 卒哭後則朝夕哭二時而已니 禮文이 大概如此어니와 若孝子情至면 則哭泣이 豈有定數哉아 凡喪은 與其哀不足而禮有餘也론 不若禮不足而哀有餘也니 喪事는 不過盡其哀敬而已니라.

친상엔 **성복지전**에 **곡읍**을 **부절어구**하고 (**기진즉령비복대곡**) **장전**에 **곡무정시**하여 **애지즉곡**하며 **졸곡후즉조석곡이시이이**니 **예문**이 **대개여차**어니와 **양효자정지**면 **즉곡읍**이 **기유정수재**아 **범상**은 **여기애부족이례유여야**론 **불약예부족이애유여야**니 **상사**는 **불과진기애경이이**니라.

부모님의 상을 당했을 때 상복으로 갈아입기 전에는 소리내어 우는 것을 입에서 끊어지지 않게 해야하고, (기운이 떨어지면 아랫사람에게 대신 소리내어 울게 한다.) 초상을 치루기 전에 소리내어 우는 것은 시간을 정하지 않고 하며, 슬픔이 더없이 지극하면 소리내어 울고, 삼우제가 지난 뒤에 아침과 저녁 두 때에만 소리내어 운다.

예법은 대개 이와 같은데, 만일 효도 하는 자녀의 정성이 지극하다면 소리내어 울고 우는 것에 어찌 일정한 방법이 있겠는가? 대체로 초상을 치루는 예법은 슬퍼함이 부족하면서 예의가 넘치는 것 보다는 차라리 예의가 부족해도 슬픔이 넘치는 것만 못하니, 초상을 치루는 일은 그 슬픔과 공경을 다하는 것에 지나지 않는다.

【06-11】 논어 자장 제19편 / 예기 잡기 하

曾子曰 人未有自致者也나 必也親喪乎인저하시니 送死者는 事親之大節也니 於此에 不用其誠이면 惡(오)乎用其誠이리오. 昔者에 小連大連이 善居喪하여 三日不怠하고 三月不懈하고 期悲哀하고 三年憂하니 此是居喪之則也라 孝誠之至者는 則不勉而能矣어니와 如有不及者는 則勉而從之 可也니라.

증자왈 인미유자치자야나 **필야친상호**인저하시니 **송사자**는 **사친지대절야**니 **어차**에 **불용기성**이면 **오호용기성**이리오. **석자**에 **소련대련**이 **선기상**하여 **삼일불태**하고 **삼월불해**하고 **기비애**하고 **삼년우**하니 **차시기상지즉야**라 **효성지지자**는 **즉불면이능의**어니와 **여유불급자**는 **즉면이종지 가야**니라.

증자께서 말씀하시기를, "사람은 스스로 (정성을) 다하는 자가 있지 않으나, 반드시 부모님의 상에는 (정성을) 다해야 할 것이다."라고 하셨다. 죽은 사람을 보내는 것은 부모님을 섬기는 큰 예절이다. 여기에 그 정성을 쓰지 않는다면 그 정성을 어느 곳에 쓰겠는가?

옛날 사람인 소련(小連)과 대련(大連)[68] 은 초상을 잘 치러서 사흘 동안 게을리하지 않고, 석 달 동안 소홀하지 않았고, 일년 동안 슬퍼하고, 3년 동안 근심하였으니, 이것이 바로 초상을 치르는 모범이다. 효성이 지극한 사람은 힘을 쓰지 않아도 잘 할 수 있고, 만일 (효성이) 부족한 사람은 힘써서 예법을 따르는 것이 옳다.

---

68) 소련(小連)과 대련(大連)은 예기(禮記)의 잡기하(雜記下) 나오는 인물로 동이(東夷) 사람인데 장례를 잘 치른 것으로 알려져 있다.

【06-12】 예기 상복사제

人之居喪에 誠孝不至하여 不能從禮者는 固不足道矣어니와 間有質美而未學者하여 徒知執禮之爲孝하고 而不知傷生之失正하여 過於哀毁하여 羸疾已作호되 而不忍從權하여 以至滅性者 或有之하니 深可惜也라 是故로 毁瘠傷生을 君子謂之不孝니라.

인지거상에 **성효불지**하여 **불능종례자**는 **고불족도의**어니와 **간유질미이미학자**하여 **도지집례지위효**하고 **이불지상생지실정**하여 **과어애훼**하여 **이질이작**호되 **이불인종권**하여 **이지멸성자 혹유지**하니 **심가석야**라 **시고**로 **훼척상생**을 **군자위지불효**니라.

사람이 초상을 치를 때에 효성이 지극하지 못하면 예법을 따르지 못하는 사람은 진실로 도리가 부족한 것이며, (그러나) 간혹 바탕은 아름답지만 배움이 없는 사람은 한갓 예를 지켜 행하는 것만이 효도하는 것인 줄 알고, (자신의) 생명을 손상하는 것이 바른 도리를 잃는 것임을 알지 못한채 지나치게 슬퍼하고 훼손하여 여의어 병이 이미 났는데도 일을 처리하는 방도를 따르지 않아서 목숨을 잃어버리는 사람이 간혹 있으니, 매우 안타까운 일이다. 그러므로 너무 (슬퍼하다가) 몸을 훼손하여 수척하고 목숨을 상하게 하는 것을 군자들은 불효라고 말하는 것이다.

【06-13】 주자가례 상례1

凡有服親戚之喪에 若他處聞訃어든 則設位而哭이니 若奔喪이면 則至家而成服하고 若奔喪이면 則四日成服이니라 若齊衰之服이면 則未成服前三日中에 朝夕爲位會哭이니라. (齊衰降大功者亦同)

범유복친척지상에 **약타처문부**어든 **즉설위이곡**이니 **약분상이**면 **즉지가이성복**하고 **약분상**이면 **즉사일성복**이니라 **약제최지복**이면 **즉미성복전삼일중**에 **조석위위회곡**이니라. (**제최강대공자역동**)

대체로 상복을 입어야 할 친척의 초상에 만일 다른 곳에서 부고를 알리는 소식을 들었으면 신위를 설치하고 곡을 해야 한다. 만일 외지에 나가 있는 자녀가 부모상을 당해 초상 소식을 듣고 달려가야 할 경우라면 집에 이르러 상복으로 갖추어 입고, 만약에 초상에 달려가지 못할 경우이면 4일 만에 상복으로 갖추어 입는다. 만일 약간 성근 생베로 지어 아래 가를 좁게 접어서 꿰맨 상복 (재최복, 자최복, 1년복)[69] 을 입어야 할 초상이면 처음으로 상복을 입기 전 사흘 동안 아침저녁으로 신위를 차리고 모여 소리내어 운다. (재최를 대공(大功 : 9개월 상)으로 낮추어진 때에도 역시 이와 같이 한다.)

---

69) 최복은 상복을 말하는 것으로 매우 까다롭고 오복으로 구분되어 있다. 참최는 아버지와 남편의 상에 입는 상복이며, 굵고 거친 삼베로 3년 상복이다. 재최는 모친상에 입는 상복으로 참최보다 덜 거친 삼베로 하고 3년 상복이다. 대공은 숙포로 하고 9개월 상복이고, 소공은 조금 덜 거친 숙포로 하고 5개월 상복이다. 시마는 가는 숙포로 하고 3개월 상복이다. 최복은 직계에 대해 입는 상복이며, 소공, 시마는 4대까지의 직계와 방계 8촌까지 입는다. 또 오복은 대상과 경우에 따라 나뉘고 정복(正服), 의복(義服), 가복(加服), 강복(降服), 종복(從服)으로 나눠진다. 정복은 정상적인 경우, 의복은 의리에 의한 경우, 가복은 복을 높여 입는 경우이고, 강복은 낮춰 입는 경우를 말한다. 이처럼 과거에 우리가 입던 상복은 까다롭고 많은 격식을 요구하였다.

【06-14】 예기 단궁 상, 맹지 등문공장구 상, 당송팔대가문초 권10

師友之義重者와 **及親戚之無服而情厚者**와 **與凡相知之分密者**는 **皆於聞喪之日**에 **若道遠**하여 **不能往臨其喪**이면 **則設位而哭**이니라 **師則隨其情義深淺**하여 **或心喪三年, 或期年, 或九月, 或五月, 或三月**이요 **友則雖最重**이나 **不過三月**이니라 **若師喪**에 **欲行三年期年者 不能奔喪**이어든 **則當朝夕設位而哭**하여 **四日而止**니라. (**止於四日之朝 若情重者則不止此限**)

사우지의중자와 **급친척지무복이정후자**와 **여범상지지분밀자**는 **개어문상지일**에 **약도원**하여 **불능왕림기상**이면 **즉설위이곡**이니라 **사즉수기정의심천**하여 **혹심상삼년, 혹기년, 혹구년, 혹오월, 혹삼월**이요 **우즉수최중**이나 **불과삼월**이니라 **약사상**에 **욕행삼년기년자 불능분상**이어든 **즉당조석설위이곡**하여 **사일이지**니라. (**지어사일지조 약정중자즉불지차한**)

스승과 친구 중에서 정과 의리가 소중한 사람과 그리고 상복을 입지 않는 친척이지만 정이 두터운 사람과 무릇 서로 알고 지내며 사귐이 친밀한 사람이라면 모두 초상 소식을 들은 날에 만약 길이 멀어서 그 초상에 참여하지 못한다면 신위를 설치하고 소리내어 운다.

스승이면 그 정과 의리의 깊고 얕음에 따라 혹은 심상(心喪)[70]을 3년, 혹은 1년, 혹은 9개월, 혹은 5개월, 혹은 3개월을 하고, 친구일 경우에는 비록 가장 중한 관계라 하더라도 3개월을 넘기지 않는다. 만약 스승의 상에 3년 복이나 기년복을 행하고자 하는 사람이 초상에 참여할 수 없을 때 마땅히 아침과 저녁으로 신위를 설치하여 소리내어 울고, 4일 만에 그친다. (4일째 되는 아침에 소리내어 우는 것을 그치는데, 만약 정이 두터운 관계일 경우에는 이 기한에 그만두지 않는다.)

---

70) 아버지가 살아계시고 어머니가 돌아가셨을 때와 집을 나가 개가한 생모나, 계모, 양모, 적손이 조부가 생존할 때에도 조모를 위해 실제로는 상복을 입지 않지만, 3년 동안 상제 때의 마음으로 말과 행동을 삼가고 슬퍼함을 이르는 말이다.

【06-15】 가례 상례 주(註)

凡遭服者 每月朔日에 設位服其服而會哭하고 (師友雖無服亦同) 月數旣滿이면 則於次月朔日에 設位服其服하고 會哭而除之니 其間哀至則哭이 可也니라.

범조복자 매월삭일에 **설위복기복이회곡**하고 (**사우수무복역동**) **월수기만**이면 **즉어차월삭일**에 **설위복기복**하고 **회곡이제지**니 **기간애지즉곡**이 **가야**니라.

대체로 상복을 입게 된 사람은 매월 초하루에 신위를 설치하고, 상복을 입고 모여서 소리내어 운다. (스승이나 친구로서 상복이 없는 경우라도 이와 마찬가지로 한다.) (상복을 입는) 달 수가 이미 찼다면 다음 달 초하루에 신위를 설치하고, 상복을 입고 모여서 소리내어 울고 상복을 벗는다. 그 사이에 슬픔이 일어나면 소리내어 우는 것이 옳다.

【06-16】

凡大功以上喪은 則未葬前에 非有故어든 不可出入이며 亦不可弔人이요 常以治喪講禮爲事니라.

대공이상상은 **즉미장전**에 **비유고**어든 **불가출입**이며 **역불가조인**이요 **상이치상강례위사**니라.

대체로 대공(大功) 이상의 초상을 치를 때에는 장례를 지내기 전에 특별한 이유가 없으면 밖으로 드나들지 않아야 하고, 또한 다른 사람의 상가에 조문해서도 안 되며, 항상 상례를 다스리고 일을 치루는데는 초상의 예의에 맞도록 할 것만을 일거리로 삼아야 한다.

第七 祭禮章(제7 제례장)

제사의 의미와 절차를 말하다.

【07-01】 가례 통례1

祭祀는 當依家禮하여 必立祠堂하여 以奉先主하고 置祭田, 具祭器하여 宗子主之니라.

제사는 **당의가례**하여 **필입사당**하여 **이봉선주**하고 **치제전, 구제기**하여 **종자주지**니라.

제사는 마땅히 주자의 『가례』를 따르고, 반드시 사당을 세워 조상의 위패를 받들고, 제사를 모시는데 필요한 비용을 마련하기 위한 위토를 설치하고, 제사에 필요한 여러 가지 그릇을 마련하여 (제사의 주체인) 종가의 맏아들(宗子)[71]이 이를 주관해야 한다.

【07-02】 가례 통례1

主祠堂者는 每晨에 謁于大門之內하여 再拜하고 (雖非主人 隨主人同謁 無妨) 出入에 必告이니라.

주사당자는 **매신**에 **알우대문지내**하여 **재배**하고 (**수비주인 수주인동알 무방**) **출입**에 **필고**이니라.

사당을 주관하는 사람은 매일 새벽에 대문 안에서 뵙고 두 번 절하고 (종가의 맏아들이 아니더라도 주인을 따라 함께 뵙는 것도 가능하다.) 들어 가고 나갈 때에는 반드시 아뢰어야 한다.

71) 종가의 혈통을 계승하고 조종(祖宗)의 제사를 지내는 종가의 맏아들을 이른다.

【07-03】 가례 통례1

或有水火盜賊이어든 則先救祠堂하여 遷神主遺書하고 次及祭器하고 然後及家財니라.

혹유수화도적이어든 **즉선구사당**하여 **천신주유서**하고 **차급제기**하고 **연후급가재**니라.

혹시 수재나 화재 또는 도적이 들면 먼저 사당을 구하여 신주와 조상에게 물려받은 글이나 책을 옮기고, 다음에 제사에 필요한 그릇을 옮기고 난 뒤에 집안의 재물을 옮겨야 한다.

【07-04】 가례 통례1

正(正朝), 至(冬至), 朔(一日), 望(十五日) 則參하고 俗節則薦以時食이니라.

정(정조), 지(동지), 삭(일일), 망(십오일) 즉참하고 **속절즉천이시식**이니라.

정월 초하루와 동지, 초하루와 보름에는 사당에 참배하고, 단오·추석·중양절(俗節)에는 계절에 맞는 음식을 올려야 한다.

【07-05】 예기 제통 / 장자 인간세

時祭則散齊四日하고 致齊三日하며 忌祭則散齊二日하고 致齊一日하며 參禮則齊宿一日이니 所謂散齊者는 不弔喪, 不問疾, 不茹葷, 飮酒不得至亂하며 凡凶穢之事를 皆不得預요 (若路中猝遇凶穢 則掩目而避 不可視也)所謂致齊者는 不聽樂, 不出入하고 專心想念所祭之人하여 思其居處하며 思其笑語하며 思其所樂(요)하며 思其所嗜之謂也라 夫然後에 當祭之時하여 如見其形하고 如聞其聲하여 誠至而神享也니라.

시제즉산제사일하고 **치제삼일**하며 **기제즉산제이일**하고 **치제일일**하며 **참례즉제숙일일**이니 **소위산제자**는 **불조상, 불문질, 불여훈, 음주불득지란**하며 **범흉예지사**를 **개불득예**요 (**약로중졸우흉예 즉엄목이피 불가시야**)**소위치제자**는 **불청악, 불출입**하고 **전심상념소제지인**하여 **사기거처**하며 **사기소어**하며 **사기소요**하며 **사기소기지위야**라 **부연후**에 **당제지시**하여 **여견기형**하고 **여문기성**하여 **성지이신향야**니라.

시제(時祭, 2월·6월·8월·11월)는 산재(散齊)를 4일간 하고, 치재(致齊)는 3일간 하며, 기제(忌祭)에는 산재 2일, 치재 1일간 하며, 참례(參禮)할 경우에는 미리 재계(齊戒)를 1일간 한다.[72)]

이른바 산재는 남의 초상에 조문하지 않고, 질병에 문병하지 않으며, (파나 마늘 등) 향이 강한 채소를 먹지 않고, 술은 취하지 않을 정도로 마시며, 모든 흉하고 더러운 일에 관여하지 않는 것이다, (만약에 길에서 흉하고 더러운 것을 갑자기 만나면 눈을 가리고 피하여 쳐다보지 않아야 한다.)

---

72) 시제(時祭)는 춘하추동의 길일이나 절일에 받드는 제사, 한식 또는 시월에 5대조 이상의 묘소에서 지내는 제사, 산재(散齋)는 산에 지은 조상을 모신 재궁, 치재(致齋)는 제사를 올리기 전에 재궁이나 향소에서 행하던 재계의식, 기제(忌祭)는 죽은 날, 기일에 지내는 제사, 재계(齊戒)는 신이나 조상에게 제사를 지내기 위하여 몸과 마음을 깨끗이 하며 행동을 삼감

이른바 치재는 음악을 듣지 않고, 출입하지 않으며, 마음을 반듯이 하여 제사 모실 분을 생각하여, 그분이 (생전에) 거처하시던 모습을 생각하고, (생전에) 웃고 말씀하시던 것을 생각하며, (생전에) 좋아하시던 것과 즐기시던 것을 생각함에 이르는 것이다.

이렇게 하고 난 뒤에라야 제사 지낼 때 그 모습을 보는 듯하고, 음성을 듣는 듯하니 정성이 지극해야 혼령이 제물을 받아서 그 기운을 먹는 것이다.

【07-06】 가례 제례 · 사시제

凡祭는 **主於盡愛敬之誠而已**니 **貧則稱家之有無**하고 **疾則量筋力而行之**호되 **財力可及者**는 **自當如儀**니라.

범제는 **주어진애경지성이이**니 **빈즉칭가지유무**하고 **질즉량근력이행지**호되 **재력가급자**는 **자당여의**니라.

대체로 제사는 사랑하고 공경하는 정성을 다하는 것을 중심으로 할 뿐이다. 가난하면 집안의 재산이 있고 없음에 맞추어서 하고, 병이 있으면 자신의 체력을 헤아려서 하되, 재물과 체력을 감당할 수 있는 사람은 스스로 마땅히 예법과 같이 행해야 한다.

【07-07】

墓祭, 忌祭를 世俗이 輪行하니 非禮也라 墓祭則雖輪行이라도 皆祭于墓上하니 猶之可也어니와 忌祭는 不祭于神主하고 而乃祭于紙榜하니 此甚未安이라 雖不免輪行이나 須具祭饌하여 行于家廟 庶乎可矣리라.

묘제, 기제를 **세속**이 **윤행**하니 **비례야**라 **묘제즉수륜행**이라도 **개제우묘상**하니 **유지가야**어니와 **기제**는 **부제우신주**하고 **이급제우지방**하니 **차심미안**이라 **수불면륜행**이나 **수구제찬**하여 **행우가묘 서호가의**리라.

묘소에서 자손들이 모여 지내는 제사(묘제(墓祭))와 탈상 뒤에 해마다 죽은 날에 지내는 제사(기제(忌祭))를 세상에서는 자손들이 번갈아 가며 지내는데 이것은 예의가 아니다.

묘제는 비록 번갈아 지내더라도 묘소에서 제사를 지내니 그래도 가능하지만, 기제는 신주로 지내는 제사가 아니고 종이로 된 지방으로 지내는 제사이니 이는 매우 불편하고 부끄러운 일이다. 비록 번갈아 제사 지내는 것을 면하지 못하더라도 마땅히 제사 음식을 갖추어 집안의 사당에서 지내는 것이 옳은 것이다.

【07-08】 논어 학이 제1편, 대학연의 권6 / 논어 학이 제1편, 자치통감목 제6권 하

喪祭二禮는 最是人子致誠處也라 已沒之親을 不可追養이니 若非喪盡其禮, 祭盡其誠이면 則終天之痛을 無事可寓요 無時可洩也니 於人子之情에 當如何哉아 曾子曰 愼終追遠이면 民德歸厚矣라하시니 爲人子者 所當深念也니라.

상제이례는 **최시인자치성처야**라 **이몰지친**을 **불가추양**이니 **약비상진기례, 제진기성**이면 **즉종천지통**을 **무사가우**요 **무시가설야**니 **어인자지정**에 **당여하재**아 **증자왈 신종추원**이면 **민덕귀후의**라하시니 **위인자자 소당심념야**니라.

초상을 치르는 예의와 제사를 지내는 두 예의는 사람의 자녀라면 가장 정성을 다해야 할 일이다. 이미 돌아가신 부모를 다시 쫓아가 봉양할 수 없으니, 만약 초상을 치를 때에 그 예의를 다하지 않고, 제사를 지낼 때 그 정성을 다하지 않는다면 일생이 비통할 것이고, 섬기지 않는 것이며, 모실 때가 없는 것이니 자녀의 씀씀이와 태도가 이와 같아서 마땅히 어떠하겠는가?

증자께서 말씀하시기를 "초상 치루는 일은 신중히 모시고, 돌아가신 먼 조상을 추모하면 백성의 덕이 두텁게 된다."라고 하셨으니, 사람의 자녀로서 마땅히 깊이 생각하여야 할 것이다.

【07-09】

今俗이 **多不識禮**하여 **其行祭之儀 家家不同**하니 **甚可笑也**라 **若不一裁之以禮**면 **則終不免紊亂無序**하여 **歸於夷虜之風矣**리라 **玆鈔祭禮**하여 **附錄于後**하고 **且爲之圖**하노니 **須詳審倣行**호되 **而若父兄不欲**이어시든 **則當委曲陳達**하여 **期於歸正**이니라.

금속이 **다불식례**하여 **기행제지의 가가부동**하니 **심가소야**라 **약불일재지이례**면 **즉종불면문란무서**하여 **귀어이로지풍의**리라 **자초제례**하여 **부록우후**하고 **차위지도**하노니 **수상심방행**호되 **이약부형불욕**이어시든 **즉당위곡진달**하여 **기어귀정**이니라.

오늘날 풍속이 대부분 예법을 알지 못하여 제사 지내는 의식이 가문마다 같지 않으니, 매우 우스운 일이다. 만약 한가지 예법으로 금지하지 않는다면, 마침내 얽혀서 어지럽고 질서가 없어 오랑캐의 풍속으로 돌아가게 될 것이다.

이에 제사 지내는 예의를 뽑아 뒤에 붙여 기록해 두고, 또 이것을 그림으로 그려 놓았으니, 반드시 자세히 살펴 이에 따라서 실행하되, 만약 아버지와 형이 (그대로) 하려고 하지 않는다면 마땅히 간곡히 말씀드려 반드시 바른 곳으로 돌아가도록 기약해야 한다.

第八 居家章(제8 거가장)

집안의 예절에 대해 말하다.

【08-01】 가례 통례1

凡居家에 當謹守禮法하여 以率妻子及家衆이니 分之以職하고 授之以事하여 而責其成功하며 制財用之節하여 量入而爲出하며 稱家之有無하여 以給上下之衣食과 及吉凶之費호되 皆有品節하여 而莫不均一하며 裁省冗費하고 禁止奢華하여 常須稍存?餘하여 以備不虞니라.

범거가에 **당근수예법**하여 **이솔처자급가중**이니 **분지이직**하고 **수지이사**하여 **이책기성공**하며 **제재용지절**하여 **양입이위출**하며 **칭가지유무**하여 **이급상하지의식**과 **급기흉지비**호되 **개유품절**하여 **이막불균일**하여 **재생용비**하고 **금지사화**하여 **상수초존영여**하여 **이비불우**니라.

대체로 집에 있을 때는 마땅히 신중하게 예법을 지켜서 아내와 자식과 집안의 사람들을 거느려야 한다. 그들에게 직분을 나누어주고 할 일을 맡겨서 그들이 성공하도록 책임지게 한다. 재물을 사용함에 절제하여, 수입을 헤아려 지출을 하게하고, 집안 재산의 있고 없음에 맞게 윗사람과 아랫사람의 옷과 음식, 좋은 일과 나쁜 일의 비용을 지급해 주되, 모두 품위 있고 절도 있게 하여 균등함을 잃지 않아야 하며, 쓸데없는 비용은 줄이고, 사치스럽고 호화스러운 것을 금지하여 항상 여유 있게 남겨 두었다가 뜻밖의 근심되는 일에 대비해야 한다.

【08-02】

冠婚之制는 **當依家禮**요 **不可苟且從俗**이니라.

관씨지제는 **당의가례**요 **불가구차종속**이니라.

성년례와 혼인례의 제도는 당연히 『가례』에 따라야 하고, 떳떳하지 못하게 세상의 풍속을 따라해서는 안 된다.

【08-03】 가례 통례1

兄弟는 **同受父母遺體**하여 **與我如一身**하니 **視之**를 **當無彼我之間**하여 **飮食衣服有無**를 **皆當共之**니라 **設使兄飢而弟飽**하고 **弟寒而兄溫**이면 **則是一身之中**에 **肢體或病或健也**니 **身心**이 **豈得偏安乎**아 **今人**이 **兄弟不相愛者**는 **皆緣不愛父母故也**라 **若有愛父母之心**이면 **則豈可不愛父母之子乎**아 **兄弟 若有不善之行**이면 **則當積誠忠諫**하여 **漸喩以理**하여 **期於感悟**요 **不可遽加厲拂言**하여 **以失其和也**니라.

형제는 **동수부모유체**하여 **여아여일신**하니 **시지**를 **당무피아지간**하여 **음식의복유무**를 **개당공지**니라 **설사형기이제포**하고 **제한이형온**이면 **즉시일신지중**에 **지체혹병혹건야**니 **신심**이 **기득편안호**아 **금인**이 **형제불상애자**는 **개연불애부모고야**라 **약유애부모지심**이면 **즉기가불애부모지자호**아 **형제 약유불선지행**이면 **즉당정성충간**하여 **점유이리**하여 **기어감오**요 **불가거가려색불언**하여 **이실기화야**니라.

형제는 부모가 물려주신 몸을 함께 받아서 나와 함께 한 몸과 같으니, 형제 보기를 마땅히 저와 나의 구분이 없게 하고, 먹을 것과 입을 것의 있고 없음은 모두 마땅히 함께 나누어야 한다. 만약에 형은 굶주리는데 동생은 배부르고, 동생은 추운데 형이 따뜻하다면, 이는 한 몸 가운데에 팔다리와 몸의 어떤 것은 병이 들고 어떤 것은 건강한 것과 같으니, 몸과 마음이 어찌 한쪽만 편안할 수 있겠는가?

오늘날 사람들이 형제간에 서로 사랑하지 않는 것은 모두 부모를 사랑하지 않는 데서 비롯된 것이니, 만약에 부모를 사랑하는 마음이 있다면 어찌 그 부모의 자녀를 사랑하지 않겠는가?

형제가 만일 착하지 않은 일을 행하면 정성스레 충고하고, 점차 도의 이치로 일깨우고 감동하여 깨닫게 하기를 바랄 것이며, 갑자기 화난 얼굴빛과 거슬리는 말을 하여 그 화목함을 잃어서는 안 될 것이다.

【08-04】

今之學者 外雖矜持나 **而內鮮篤實**하여 **夫婦之間, 衽席之上**에 **多縱情慾**하여 **失其威儀**라 **故**로 **夫婦不相昵狎而能相敬者甚少**하니 **如是而欲修身正家**인들 **不亦難乎**아 **必須夫和而制以義**하고 **妻順而承以正**하여 **夫婦之間**에 **不失禮敬然後**에 **家事**를 **可治也**리라 **若從前相狎**이라가 **而一朝**에 **遽欲相敬**이면 **其勢難行**이니 **須是與妻相戒**하여 **必去前習**하고 **漸入於禮 可也**니라 **妻若見我發言持身**이 **一出於正**이면 **則必漸相信而順從矣**리라.

금지학자 외수긍지나 **이내선독실**하여 **부부지간, 임석지상**에 **다종정욕**하여 **실기위의**라 **고**로 **부부불상닐압이능상경자심소**하니 **여시이욕수신정가**

인들 **불역난호**아 **필수부화이제이의**하고 **처순이증이정**하여 **부부지간**에 **부실예경연후**에 **가사**를 **가치야**리라 **약종전상압**이라가 **이일조**에 **거욕상경**이면 **기세난행**이니 **수시여처상계**하여 **필거전습**하고 **점입어례 가야**니라 **처약견아발언지신**이 **일출어정**이면 **즉필점상신이순종의**리라.

지금의 배우는 사람들은 겉으로는 능력이나 자격을 자랑스럽게 여기지만 속으로는 진실되고 정성스러운 사람이 드물어서 부부간에 잠자리에서 대부분이 함부로 정욕을 좇아 그 엄숙한 태도나 의례를 잃는 경우가 많다. 그러므로 부부 사이에 서로 버릇없이 굴지 않고 서로 공경할 수 있는 사람이 매우 적다. 이렇게 하면서 몸을 닦고 집안을 바로 잡으려고 하니 또한 어렵지 않겠는가?

반드시 모름지기 남편은 온화한 모습으로 올바르게 절제하고, 아내는 유순하면서 올바른 도리로서 받들어 부부 사이에 예의와 공경하는 마음을 잃지 않은 뒤에야 집안 일이 다스려질 수 있는 것이다.

만일 이전처럼 서로 버릇없이 굴다가 하루아침에 갑자기 서로 공경하려고 한다면 그 모습대로 실행하기가 어렵다. 모름지기 아내와 함께 서로 조심하여 반드시 예전의 습관을 버리고 점차 예의를 실천하는 것이 옳은 것이다.

아내가 만약 내가 하는 말과 몸가짐이 한결같이 올바른 데에서 나오는 것을 보게 되면 반드시 점점 서로 믿고 순종하게 될 것이다.

【08-05】

生子에 自稍有知識時로 當導之以善이니 若幼而不敎하여 至於旣長이면 則習非放心하여 敎之甚難이니 敎之之序는 當依小學이니라 大抵一家之內에 禮法與行하고 簡編筆墨之外에 無他雜技면 則子弟亦無外馳畔學之患矣리라 兄弟之子는 猶我子也니 其愛之, 其敎之를 當均一이요 不可有輕重厚薄也니라.

생자에 **자초유지식시**로 **당도지이선**이니 **약유이불효**하여 **지어기장**이면 **즉습비어심**하여 **효지심난**이니 **교지지서**는 **당의소학**이니라 **대저일가지내**에 **예법여행**하고 **간책필묵지외**에 **무타잡기**면 **즉자제역무외치반학지충의**리라 **형제지자**는 **유아자야**니 **기애지, 기효지**를 **당균일**이요 **불가유경중후박야**니라.

자녀를 낳고 (자녀에게) 지식이 생길 때로부터 마땅히 착하게 가르쳐야 할 것이니, 만일 어리다고 가르치지 않아서 이미 성장한 뒤에 이른다면 잘못된 것을 익히고, 마음이 풀어지게 되어 이를 가르치기가 매우 어려우니, 가르치는 차례는 마땅히 『소학』을 따라야 한다.

대체로 보아서 한 집의 안에 예법이 행해지고 서간이나 책, 글쓰기 이외에 다른 잡다한 놀이가 없으면, 자제들 또한 (마음을) 다른 곳에 두어 배움을 멀리하는 근심과 걱정은 없을 것이다. 형제의 자식은 내 자녀와 같으니, 그를 사랑하고 가르치기를 마땅히 자기 자녀와 똑같이 해야 하고, 중시하고 경시하는 차별해서는 안 된다.

【08-06】 서경 우서·익직 6장 주(註)

婢僕은 代我之勞하니 當先恩而後威라야 乃得其心이니 君之於民과 主之於僕에 其理一也라 君不恤民則民散이니 民散則國亡하고 主不恤僕則僕散이니 僕散則家敗는 勢所必至라 其於婢僕에 必須軫念飢寒하여 資給衣食하여 使得其所하고 而有過惡이면 則先須勤勤教誨하여 使之改革하고 教之不改然後에 乃施楚撻하여 使其心으로 知厥主之楚撻이 出於教誨요 而非所以憎嫉이니 然後에 可使改心革面矣리라.

비복은 **대아지노**하니 **당선은이후위**라야 **내득기심**이니 **군지어민**과 **주지어복**에 **기이일야**라 **군불휼민즉민산**이니 **민산즉국망**하고 **주불휼복즉복산**이니 **복산즉가패**는 **세소필지**라 **기어비복**에 **필수진념기한**하여 **자급의식**하여 **사득기사**하고 **이유과오**이면 **즉선수근근교회**하여 **사지개혁**하고 **교지불개연후**에 **내시초달**하여 **사기심**으로 **지권주지초달**이 **출어교회**요 **이비소이증질**이니 **연후**에 **가사개심혁면의**리라.

아랫사람들은 나를 대신하여 수고로움을 하니, 마땅히 은혜를 먼저 베푼 뒤에 위엄을 세워야 그 마음을 얻을 것이니, 임금이 백성을 대하는 것과 주인이 아랫사람을 대하는 그 이치는 같은 것이다. 임금이 백성을 돌보지 않으면 백성이 흩어지고, 백성이 흩어지면 나라가 망한다. 주인이 아랫사람을 돌보지 않으면 아랫사람이 흩어지고, 아랫사람이 흩어지면 집이 망하는 지경에 반드시 이르게 된다.

그 아랫사람에게 반드시 춥고 배고픈 것을 깊이 걱정하여 입을 것과 먹을 것을 주고, 그 살 곳을 얻을 수 있게 해주며, 허물과 악행이 있으면 먼저 부지런히 가르쳐 그들로 하여 고치게 하고, 가르쳐도 고치지 않으면 회초리로 때려, 주인의 회초리가 가르치려는 마음에서 나온 것이고, 미워해서 때리는 것이 아님을 알게 하여야 하니, 그런 뒤에야 마음을 고치고 겉모습도 변화하게 될 것이다.

【08-07】 가례 통례1

治家에 當以禮法으로 辨別內外하여 雖婢僕이라도 男女不可混處니 男僕이 非有所使令이면 則不可輒入內하고 女僕을 皆當使有定夫하여 不可使淫亂이니 若淫亂不止者는 則當黜使別居하여 毋令汚穢家風이니라 婢僕을 當令和睦이니 若有鬪鬩喧噪者어든 則當痛加禁制니라.

치가에 **당이예법**으로 **변별내외**하여 **수비복**이라도 **남녀불가혼처**니 **남복**이 **비유소사령**이면 **즉불가첩입내**하고 **여복**을 **개당사유정부**하여 **불가사음란**이니 **약음란부지자**는 **즉당출사별거**하여 **무령오예가풍**이니라 **비복**을 **당령화목**이니 **약유투혁훤조자**어든 **즉당통가금제**니라.

집안을 다스림에 마땅히 예법으로써 내외를 구분하여 비록 아랫사람이라도 남자와 여자가 뒤섞여 살게 해서는 안 된다. 사내 종은 시키는 일이 없으면 함부로 안채에 들어가지 않게 하고, 여자 종은 모두 마땅히 정한 남편이 있게하여 음란하지 않게 해야한다. 만일 음란한 짓을 그치지 않는 사람은 마땅히 내쫓고 따로 거처하게 하여 집안의 풍속을 더럽히지 않게 해야 한다. 아랫사람들끼리도 마땅히 화목하게 지내도록 명령을 내리고, 만일 싸우거나 시끄럽게 떠드는 사람은 마땅히 금지와 제재를 철저히 해야 한다.

【08-08】 논어 위령공 제15편 / 맹자 등문공 상, 삼국유사 권제5 광덕엄장 / 논어 미자 제18편

君子憂道요 不當憂貧이니 但家貧하여 無以資生이면 則雖當思救窮之策이나 亦只可免飢寒而已요 不可存居積豊足之念이며 且不可以世間鄙事로 留滯于心胸之間이니라 古之隱者 有織屨而食者, 樵漁而活者, 植杖而耘者하니 此等人은 富貴不能動其心이라 故로 能安於此하니 若有較利害計豊約之念이면 則豈不爲心術之害哉아 學者는 要須以輕富貴守貧賤爲心이니라.

군자우도요 **부당우빈**이니 **단가빈**하여 **무이자생**이면 **즉수당사구궁지책**이나 **역지가면기한이이**요 **불가존거적풍족지념**이며 **차불가이세간비사**로 **유체우심흉지간**이니라 **고지은자 유직구이식자, 초어이활자, 치장이운자**하니 **차등인**은 **부귀불능동기심**이라 **고**로 **능안어차**하니 **약유교리해계풍약지념**이면 **즉기불위심술지해재**아 **학자**는 **요수이경부귀수빈천위심**이니라.

군자는 도를 근심해야 하며, 가난을 근심해서는 안 된다. 다만 집이 가난하여 살아갈 수가 없다면 비록 마땅히 가난에서 벗어날 방법을 생각하여야 하지만 또한, 다만 굶주림과 추위를 면할 정도면 되고, (재물을) 많이 쌓아두고 풍족하게 살려는 생각을 가져서는 안 되며, 또 세상의 천박한 일을 마음속에 머무르게 해서는 안 된다.

옛날에 세속을 벗어나 숨어 사는 사람 중에는 짚신을 만들어 팔아서 먹고 살아간 사람과 땔감을 하거나 고기를 잡아서 생활한 사람과 지팡이를 꽂아 놓고 김을 매며 살아간 사람이 있었으니, 이런 사람들은 부귀로 그 마음을 움직일 수 없었다. 그러므로 이로 인하여 편안할 수 있었던 것이니, 만일 이익과 손해를 따지고 풍요로움과 가난함을 헤아리는 생각이 있었다면 어찌 마음을 수양하는데 해롭지 않았겠는가? 배우는 사람은 모름지기 부귀를 가볍게 여기고 가난하고 낮을 지위를 지키는 것을 마음으로 삼아야 할 것이다.

【08-09】 설원 권2, 사기 위세가, 대학연의 권15 논어 위령공 제15편 / 논어 향당 제10편, 주자어류 권29, 논어 공야장 하 제5편 / 맹자 진심 상

居家에 貧窶면 則必爲貧窶所困하여 失其所守者多矣라 學者 正當於此處用功이니 古人曰 窮視其所不爲하며 貧視其所不取라하고 孔子曰 小人은 窮斯濫矣라하시니 若動於貧窶하여 而不能行義면 則焉用學問爲哉리오.

거가에 **빈구**면 **즉필위빈구소곤**하여 **실기소수자다의**라 **학자 정당어차처용공**이니 **고인왈 궁시기소불위**하며 **빈시기소불취**라하고 **공자왈 소인**은 **궁기람의**라하시니 **약동어빈구**하여 **이불능행의**면 **즉언용학문위재**리오.

거처하는 집안이 가난하면 반드시 가난함에 시달려 지켜야 할 것을 (도리) 잊어버리는 사람이 많다. 배우는 사람은 바로 이런 점에 노력해야 한다. 옛사람이 말하기를, "곤궁할 때에는 그 사람이 하지 못할 일을 살펴보며, 가난할 때 그 사람이 취하지 않는 것을 살펴본다."라고 하였고, 공자께서는 "인격이 낮은 사람은 곤궁하면 도리에서 벗어난 짓을 한다."라고 말씀하셨으니, 만일 가난 때문에 마음이 움직여 의로운 행동을 할 수 없다면 배움을 무엇하는데 쓸 것인가?

凡辭受取與之際에 必精思義與非義하여 義則取之하고 不義則不取하여 不可毫髮放過니라 若朋友는 則有通財之義하니 所遺를 皆當受로되 但我非乏而遺以米布면 則不可受也니라 其他相識者면 則只受其有名之饋하고 而無名則不可受也니 所謂有名者는 賻喪, 贐行, 助婚禮, 周飢乏之類 是也라.

범사수취여지제에 **필정사의여비의**하여 **의즉취지**하고 **불의즉불취**하여 **불가호발방과**니라 **약붕우**는 **즉유통재지의**하니 **소유**를 **개당수**로되 **단아비핍이유이미포**면 **즉불가수야**니라 **기타상식자**면 **즉지수기유면지궤**하고 **이무명증불가수야**니 **소위유명자**는 **부상, 신행, 조혼례, 주기핍지류 시야**라.

대체로 사양하거나 받아서 가지거나 또는, 줄 때에는 반드시 옳은지, 옳지 않은지를 깊이 생각해서 옳으면 가지고 옳지 않으면 받지 않아야 하니 조금이라도 그대로 지나쳐 버리면 안 된다.

친구로 말하자면 재물을 서로 주고 받고 두루 쓰는 의리가 있으니, 남겨주는 것은 마땅히 받아야 하나, 다만 내가 궁핍하지도 않은데 쌀이나 삼베를 주거든 받아서는 안 된다.

그 밖에 서로 알고 지내는 사람은 다만 명분이 있는 선물만 받고, 아무런 명분이 없는 것은 받아서는 안 된다. 이른바 명분이 있다는 것은 초상 때에 물품을 보내는 것이나, 여행 때 드는 비용, 혼인 때의 돕는 물품, 굶주릴 때 도와주는 것 등을 말한다.

若是大段惡人心所鄙惡者는 則其饋雖有名이나 受之면 心必不安이리니 心不安이면 則不可抑而受之也니라 孟子曰 無爲其所不爲하며 無欲其所不欲이라하시니 此是行義之法也니라.

약시대단악인심소비오자는 **즉기궤수유명**이나 **수지**면 **심필불안**이리니 **심불안**이면 **즉불가억이수지야**니라 **맹자왈 무위기소불위**하며 **무욕기소불욕**이라하시니 **차시행의지법야**니라.

만일 매우 악한 사람이 있어서 내가 마음속으로 더럽고 나쁘게 여기는 사람에게는 그 선물이 비록 명분이 있다 해도 받으면 마음이 반드시 편치 않을 것이니, 마음이 편치 않으면서 마음에 없이 억지로 받아서는 안 된다. 맹자께서 말씀하시기를 "하지 않아야 할 것을 하지 말고, 하고 싶지 않은 것은 하지 말아야 한다."라고 하셨으니, 이것이 바로 올바른 것을 행하는 법도이다.

【08-10】 맹자 양혜왕장구 하, 예기 곡례 상

中朝則列邑之宰 有私俸이라 **故**로 **推其餘**하여 **可以周人之急矣**어니와 **我國則守令**이 **別無私俸**하고 **只以公穀**으로 **應日用之需**어늘 **而若私與他人**이면 **則不論多少**하고 **皆有罪譴**하여 **甚則至於犯贓**하고 **受者亦然**하니 **爲士而受守令之饋**면 **則是乃犯禁也**라.

중조즉열읍지재 유사봉이라 **고**로 **추기여**하여 **가이주인지급의**어니와 **아국즉수령**이 **별무사봉**하고 **지이공곡**으로 **응일용지수**어늘 **이약사여타인**이면 **즉불륜다소**하고 **개유죄견**하여 **심즉지어범장**하고 **수자역연**하니 위**사이수수령지궤**면 **즉시내범금야**라.

중국에는 여러 고을의 수령들에게 모두 사사로운 개인의 봉급이 있으므로 그 중에서 남는 것으로 주변 사람의 위급함을 도울 수 있지만, 우리나라는 수령들이 별도로 받는 개인 녹봉이 없고, 다만 관청의 곡식으로써 평상시의 비용을 충당한다.

만약 개인적으로 남에게 준다면 수량의 많고 적음을 가리지 않고 모두 죄가 되고, 심하면 뇌물을 준 죄로 다스림을 받고, 받은 사람도 또한 벌을 받게 되니 선비가 되어 수령이 주는 물건을 받으면 이는 바로 금지하는 법을 어기는 것이다.

古者에 入國而問禁하니 則居其國者 豈可犯禁乎아 守令之饋는 大抵難受하니 若私與官庫之穀이면 則不論人之親疎, 名之有無, 物之多寡하고 皆不可受也니라. (若分厚邑宰 以衙中私財周急則或可受也)

고자에 **입국이문금**하니 **즉거기국자 기가범금호**아 **수령지궤**는 **대저난수**하니 **약사여관고지곡**이면 **즉불륜인지친소, 명지유무, 물지다과**하고 **개불가수야**니라. (**약분후읍재 이아중사재주급즉혹가수야**)

옛날에는 다른 나라에 들어갈 때에 그 나라에서 금지하는 것을 물었으니, 자기 나라에 사는 사람이 어찌 금지하는 것을 어길 수 있겠는가? 수령의 선물은 대개 받기가 어려운데, 만일 (수령이) 나라의 창고에 있는 곡식을 개인적으로 준다면 수령과의 친분과 명분이 있고 없음과 물건의 많고 적음은 말할 필요도 없으며, 모두 받아서는 안 된다. (만일 친분이 두터운 수령이 관아에 있는 개인 소유의 재물로 급한 사람을 도와준다면 간혹 받을 수도 있다.)

第九 接人章(제9 접인장)

접대하는 예절에 대해 말하다.

【09-01】 예기 곡례 상

凡接人에 當務和敬이니 年長以倍어든 則父事之하고 十年以長이어든 則兄事之하고 五年以長이어든 亦稍加敬이니 最不可恃學自高, 尙氣陵人也니라.

범접인에 **당무화경**이니 **연장이배**어든 **즉부사지**하고 **십년이장**이어든 **즉형사지**하고 **오년이장**이어든 **역초가경**이니 **최불가시학자고, 상기릉인야**니라.

대체로 사람을 대할 때에는 마땅히 온화하며 공경하도록 힘써야 한다. 나보다 (자기보다) 나이가 배가 많으면 아버지를 섬기듯 하고, 10년이 많으면 형을 섬기듯이 하고, 5년이 많으면 또한 약간 공경을 더하도록 한다. 최고로 해서는 안 될 것은 배운 것을 믿고 스스로 높여 우쭐대거나 그 기운을 숭상하여 남을 업신여겨는 안된다.

【09-02】

擇友에 必取好學, 好善, 方嚴, 直諒之人하여 與之同處하여 虛受規戒하여 以攻吾闕하고 若其怠惰, 好嬉, 柔佞不直者는 則不可交也니라.

택우에 **필취호학, 호선, 방엄, 직양지인**하여 **여지동처**하여 **허수규계**하여 **이공오궐**하고 **약기태타, 호희, 유녕부직자**는 **즉불가교야**니라.

벗을 사귈 때에는 반드시 학문을 좋아하고 착한 것을 좋아하며, 바르고 엄숙하며 정직하고 성실한 사람을 택하여, 그와 더불어 함께 있으면 타이름과 주의함을 겸손한 마음으로 바로 잡아주며 경계하는 것을 받아들여 나의 단점을 다스려야 하고, 만일 게으르고 즐기기를 좋아하며, 연약하고 아첨을 잘하여 말재주만 뛰어나고 바르지 못한 사람이라면 사귀어서는 안 될 것이다.

【09-03】 논어 자로 제13편 / 가례 통례2

鄕人之善者는 **則必須親近通情**하고 **而鄕人之不善者**는 **亦不可惡言揚其陋行**이요 **但待之泛然**하여 **不相往來**니 **若前日相知者**는 **則相見**에 **只敍寒暄**하고 **不交他語**면 **則自當漸疎**하여 **亦不至於怨怒矣**리라.

향인지선자는 **즉필수친근통정**하고 **이향인지불선자**는 **역불가악언양기루행**이요 **단대지범연**하여 **부상왕래**니 **약전일상지자**는 **즉상견**에 **지서한훤**하고 **불교타어**면 **즉자당점소**하여 **역부지어원노의**리라.

마을 사람 중에 착한 사람은 반드시 가까이 지내면서 서로의 사정을 알고 지내며, 마을 사람 중에 착하지 않은 사람이라도 역시 나쁜 말로 그의 더러운 행실을 드러내지 말고, 다만 의연하게 대하고 서로 오고 가지 않아야 한다. 만일 지난날 서로 알고 지내던 사람이라면 서로 만났을 때 다만 가까운 안부나 묻고 다른 말을 주고받지 않는다면, 스스로 마땅히 점점 서먹서먹해져 멀어지게 되니 또한 (그가) 원망하고 화내는 것을 (마음에) 품는 데에 이르지 않을 것이다.

【09-04】 주역전의 건괘 문언전, 장자 어부, 설원 권8 존현

同聲相應하며 同氣相求하나니 若我志於學問이면 則我必求學問之士요 學問之士 亦必求我矣리라 彼名爲學問而門庭에 多雜客하여 喧囂度日者는 必其所樂 不在學問故也니라.

동성상응하며 **동기상기**하나니 **약아지어학문**이면 **즉아필구학문지사**요 **학문지사 역필구아의**리라 **피명위학문이문정**에 **다잡객**하여 **훤효도일자**는 **피기소요 부재학문고야**니라.

소리가 같으면 서로 응대하고, 기운이 같으면 서로 찾게 되니, 만약 내가 배움에 뜻을 두고 있다면 나는 반드시 배움이 있는 선비를 찾을 것이고, 배움이 있는 선비도 또한 반드시 나를 찾을 것이다.

본인이 말로는 명분은 배움에 있다고 하나 집안의 뜰에 잡스러운 손님이 많고, 시끄럽게 떠들면서 세월을 보내는 사람은 반드시 그 사람이 좋아하는 것이 배움에 있지 않기 때문이다.

【09-05】 시경 제3편 대아3 탕지십 262억, 설원 권19, 근사록 권지5 극기

凡拜揖之禮는 **不可預定**이니 **大抵父之執友**는 **則當拜**요 **洞內年長十五歲以上者**는 **當拜**요 **爵階堂上而長於我十年以上者**는 **當拜**요 **鄕人年長二十歲以上者**는 **當拜**로되 **而其間高下曲折**은 **在隨時節中**이요 **亦不必拘於此例**니 **但常以自卑尊人底意思**로 **存諸胸中**이 **可也**니라 **詩曰 溫溫恭人**이 **惟德之基**라하니라.

범배읍지례는 **불가예정**이니 **대저부지집우**는 **즉당배**요 **동내연장십오세이상자**는 **당배**요 **작계당상이장어아십년이상자**는 **당배**요 **향인연장이십세이상자**는 **당배**로되 **이기간고하곡절**은 **재수시절중**이요 **역불필구어차례**니 **단상이자비존인저의사**로 **존제흉중**이 **가야**니라 **시왈 온온공인**이 **유덕지기**라하니라.

대체로 절하고 읍(拜揖)[73] 하는 예의는 미리 정할 수 없으나 대개 아버지의 친구 정도라면 마땅히 절을 해야 하고, 마을에서 나이가 15세 이상인 사람에게도 마땅히 절을 해야 한다. 벼슬의 품계가 정3품 이상이고 나보다 10세 많은 사람에게는 마땅히 절을 해야 하고, 마을 사람으로서 나이가 20세 이상인 사람에게도 마땅히 절을 하되, 그 사이에 높이고 낮추는 자세한 예절은 상황에 따라 알맞게 하고, 또한 반드시 이 예의에 구속될 것이 없으니, 다만 항상 자신을 낮추고 남을 높이는 뜻을 가슴에 가지는 것이 옳다. 『시경』에 이르기를, '온순하고 공손한 사람만이 그 덕의 바탕이 된다.' 라고 하였다.

73) 공손하게 두 손을 맞잡고 허리를 굽혔다가 펴면서 인사를 하는 것.

【09-06】 맹자 이루장구 하 / 명문해 권199 서 53

人有毁謗我者어든 則必反而自省이니 若我實有可毁之行이면 則自責內訟하여 不憚改過하고 若我過甚微而增衍附益이면 則彼言雖過나 而我實有受謗之苗脈하니 亦當剗鋤前愆하여 不留毫末하고 若我本無過而捏造虛言이면 則此不過妄人而已니 與妄人으로 何足計較虛實哉리오.

인유훼방아자어든 **즉필반이자성**이니 **약유실유가훼지행**이면 **즉자책내송**하여 **불탄개과**하고 **약아과심미이증연부익**이면 **즉피언수과**나 **이아실유수방지묘맥**하니 **역당잔서전건**하여 **불유호말**하고 **약아본무과이날조허언**이면 **즉차불과망인이이**니 **여망인**으로 **하족계교허실재**리오.

다른 사람들 중에서 나를 헐뜯고 비난하는 사람이 있다면 반드시 돌이켜 자신을 살펴야 한다. 만약 내가 실제로 비방을 받을 만한 행실이 있었다면 스스로 꾸짖고 안으로 따져서 허물을 고치는 것을 꺼리지 말아야 한다. 만약 나의 잘못이 아주 적은데 더 보태어서 꾸민 것이라면 그 사람의 말이 비록 지나치지만 나에게 실제로 비난받을 만한 이유가 있는 것이니, 또한 마땅히 이전에 저지른 잘못을 없애고 조금이라도 남겨 두지 않아야 한다. 만약 내가 본래 허물이 없는데 거짓으로 꾸며냈다면, 이는 제정신이 아닌 사람에 지나지 않을 뿐이니, 제정신이 아닌 사람과 어떻게 거짓과 진실을 따질 수 있겠는가?

且彼之虛謗이 如風之過耳, 雲之過空하니 於我에 何與哉아 夫如是면 則毁謗之來에 有則改之하고 無則加勉하여 莫非有益於我也리라 若聞過自辨하여 曉曉然不置

하여 必欲置身於無過之地면 則其過愈甚而取謗益重矣리라 昔者에 或問止謗之道한대 文中子曰 莫如自修니라 請益한대 曰 無辨이라하니 此言이 可爲學者之法이니라.

차피지허방이 **여풍지과이, 운지과공**하니 **어아**에 **하여재**아 **부여시**면 **즉훼방지래**에 **유즉개지**하고 **무즉가면**하여 **막비유익어아야**리라 **약문과자변**하여 **효효연불치**하여 **필욕치신어무과지지**면 **즉기과유심이취방익중의**리라 **석자**에 **혹문지방지도**한대 **문중자왈 막여자수**니라 **청익**한대 **왈 무변**이라하니 **차언**이 **가위학자지법**이니라.

또한 저의 헛된 비난은 바람이 귓가를 스쳐 지나고, 구름이 허공을 지나는 것과 같으니 나와 무슨 상관이 있겠는가?

대체로 이처럼 생각한다면 헐뜯기고 비난받을 때 잘못이 있으면 그것을 고치고, 없다면 (허물을 만들지 않도록) 더욱 힘쓰게 되어 나에게 유익하지 않음이 없을 것이다.

만약 (나의) 허물을 듣고도 스스로 변명하며 시끄럽게 떠들고, 그대로 인정하지 아니하여 자기를 잘못이 없는 입장에 두려고만 한다면, 그 허물이 더욱 깊어지고 남들로부터 비난을 받음이 더욱 많아질 것이다.

옛날에 어떤 사람이 남에게 비방을 그치게 하는 방법을 묻자, 문중자가 말하기를, "자신을 수양하는 것만 한 것이 없다."라고 하였다. 다시 더 말해주기를 청하니, 대답하기를, "변명하지 않는 것이다."라고 하였으니, 이 말은 배우는 사람의 본보기가 될 만한 것이다.

【09-07】 소학 가언

凡侍先生長者에 當質問義理難曉處하여 以明其學하고 侍鄕黨長老에 當小心恭謹하여 不放言語하여 有問則敬對以實하고 與朋友處에 當以道義講磨하여 只談文字義理而已요 世俗鄙俚之說과 及時政得失, 守令賢否, 他人過惡는 一切不可掛口하고 與鄕人處에 雖隨問應答이나 而終不可發鄙褻之言하며 雖莊栗自持나 而切不可存矜高之色이요 惟當以善言誘掖하여 必欲引而向學하고 與幼者處엔 當諄諄言孝悌忠信하여 使發善心이니 若此不已면 則鄕俗을 漸可變也리라.

범시선생장자에 **당질문의리난효처**하여 **이명기학**하고 **시향당장로**에 **당소심공근**하여 **불방언어**하여 **유문즉경대이실**하고 **여붕우처**에 **당이도의강마**하여 **지담문자의리이이**요 **세속비리지설**과 **급시정득실, 수령현부, 타인과악**은 **일절불가괘구**하고 **여향인처**에 **수수문응답**이나 **이종불가발비설지언**하며 **수장률자지**나 **이단불가존긍고지색**이요 **유당이선언유액**하여 **필욕인이향학**하고 **여유자처**엔 **당순순언효제충신**하여 **사발선심**이니 **약차불이**면 **즉향속**을 **점가변야**리라.

대체로 스승과 어른을 모실 때에는 마땅히 의리 중에서 깨우치기 어려운 곳을 여쭈어 자신의 배움을 분명히 하고, 마을의 어르신을 모실 때에는 마땅히 조심하여 공손히 하며 말을 함부로 하지 않고, 묻는 것이 있으면 공손히 사실대로 대답해야 한다.

친구와 함께 할 때 마땅히 도덕과 의리로써 배움을 강구하고 갈고 닦아야 하되, 다만 글과 올바른 이치를 말해야 하며, 세상의 더럽고 속된 말과 그 당시 정치의 잘잘못과 수령의 어질고, 어질지 못한 것과 다른 사람의 허물과 악행을 모두 말하지 않아야 한다.

마을 사람들과 함께 할 때에 비록 묻는 것에 대답하더라도 끝까지 더럽고 상스러운 말을 해서는 안 된다. 비록 점잖은 몸가짐을 하더라도 절대로 자랑하고 고상한체 하는 모습을 하지 말고, 오직 마땅히 좋은 말로 타이르고 이끌어 도와주고, 반드시 그를 이끌어 배움으로 향하게 해야 한다.

어린아이와 함께 있을 때 마땅히 간절하게 효도와 우애와 충성과 믿음을 설명하여 (그들에게) 착한 마음이 일어나도록 해야 한다. 이와 같이 해나간다면 마을의 풍속을 점점 변하게 할 수 있을 것이다.

【09-08】 논어 이인 제4편

常以溫恭慈愛, 惠人濟物爲心이니 **若其侵人害物之事**는 **則一毫不可留於心曲**이니라 **凡人**이 **欲利於己**인댄 **必至侵害人物**이라 **故**로 **學者先絕利心然後**에 **可以學仁矣**리라.

상이온공자애, 혜인제물위심이니 **약기침인해물지사**는 **즉일호불가유어심곡**이니라 **범인**이 **욕이어기**인댄 **필지침해인물**이라 **고**로 **학자선절이심연후**에 **가이학인의**리라.

항상 (윗사람에게는) 온화하고 공손하며, (아랫사람에게는) 사랑이 두터우며, (다른 사람에게는) 은혜를 베풀고 도우려는 마음을 가져야 한다. 다른 사람을 침범하여 해롭게 하는 일을 조금이라도 마음에 두어서는 안 된다. 대체로 사람들은 자신을 이롭게 하려고 하면 반드시 남을 침범하여 해롭게 한다. 그러므로 배우는 사람은 먼저 (자신에게) 이롭게 하려는 마음을 없애 버린 뒤에야 인을 배울 수 있을 것이다.

【09-09】

居鄕之士는 非公事禮見及不得已之故면 則不可出入官府니 邑宰雖至親이라도 亦不可數數往見이어든 況非親舊乎아 若非義干請은 則當一切勿爲也니라.

거향지사는 **비공사례견급부득이지고**면 **즉불가출입관부**니 **읍재수지친**이라도 **역불가삭삭왕견**이어든 **황비친구호**아 **약비의간청**은 **즉당일절물위야**니라.

마을에 사는 선비는 공적인 일이나 예의를 갖추기 위해 만나는 자리 등 피치 못할 이유가 아니면 관청에 드나들지 않아야 한다. 고을의 수령과 비록 친한 관계라도 또한 자주 찾아가 만나서도 안 되는데, 하물며 친구도 아닌데 더 말할 것이 있겠는가? 만약 옳지 않은 청탁은 모두 하지 않아야 한다.

第十 處世章(제10 처세장)

학자의 자세와 출세에 대해 말하다.

【10-01】 논어 자로 제13편 / 논어 헌문 제14편 / 논어 위령공 제15편

古之學者 未嘗求仕로되 學成則爲上者 擧而用之하니 蓋仕者는 爲人이요 非爲己也라 今世則不然하여 以科擧取人하여 雖有通天之學, 絶人之行이라도 非科擧면 無由進於行道之位라 故로 父敎其子하고 兄勉其弟하여 科擧之外엔 更無他術하니 士習之偸 職此之由라 第今爲士者 多爲父母之望, 門戶之計하여 不免做科業이나 亦當利其器, 俟其時하여 得失을 付之天命이요 不可貪躁熱中하여 以喪其志也니라.

고지학자 미상구사로되 **악성즉위상자 거이용지**하니 **개사자**는 **위인**이요 **비위기야**라 **금세즉불연**하여 **이과거취인**하여 **수유통천지학, 절인지행**이라도 **비과거**면 **무유진어행도지위**라 **고**로 **부교기자**하고 **형면기제**하여 **과거지외**엔 **갱무타술**하니 **사습지투 직차지유**라 **제금위사자 다위부모지망, 문호지계**하여 **불면주과업**이나 **역당이기기, 사기시**하여 **득실**을 **부지천명**이요 **불가탐조열중**하여 **이상기지야**니라.

옛날에 배우는 사람들은 일찍부터 벼슬을 구하지 않았고, 배움이 이루어지면 윗사람이 자리를 추천해서 등용하였으니, 벼슬하는 것은 다른 사람을 위하는 일이지 자신을 위한 것이 아니다.

요즘 세상은 그렇지 않아서 과거시험으로 사람을 뽑게 되어 비록 하늘의 이치에 막힘이 없이 통하는 배움과 다른 사람보다 뛰어난 행실이 있

어도 과거시험이 아니면 세상을 도로써 다스릴 지휘에 나갈 수가 없다. 그러므로 아버지는 제 자식에게 (과거 공부를) 시키고, 형이 그 동생에게 (과거 공부에) 힘쓰게 하는 것이 과거시험 이외에는 또 다른 방법이 없으니, (배움을 닦는) 선비들의 습관이 나빠지는 것은 오로지 이러한 이유 때문이다.

오늘날 배움에 있는 사람들은 대부분 부모의 바램과 집안의 번성을 위하여 과거 공부를 피할 수 없지만 또한 마땅히 자신의 실력을 갈고 닦으며, 그 시기를 기다려서 급제와 낙방은 하늘의 명령에 맡기고, 벼슬을 탐내고 조급한 마음으로 열중하여 그 뜻을 손상시키지 않아야 할 것이다.

【10-02】 논어 학이 제1편

人言科業爲累하여 不能學問이라하니 此亦推託之言이요 非出於誠心也라 古人養親에 有躬耕者하며 有行傭者하며 有負米者하니 夫躬耕, 行傭, 負米之時에 勤苦甚矣니 何暇讀書乎아. 惟其爲親任勞하여 旣修子職하고 而餘力學文이로되 亦可進德이라.

인언과업위루하여 **불능학문**이라하니 **차역추탁지언**이요 **비출어성심야**라 **고인양친**에 **유궁경자**하며 **유행용자**하며 **유부미자**하니 **부궁경, 행용, 부미지시**에 **근약심의**니 **하가독서호**아. **유기위친임노**하여 **기수자직**하고 **이여력학문**이로되 **역가진덕**이라.

사람들이 말하기를 "과거 공부에 때문에 (진실된) 배움을 할 수 없다." 라고 하지만, 이것 또한 미루어 핑계 대는 말이고, 정성 된 마음에서 나온

말은 아니다. 옛날 사람들은 부모를 받들어 봉양함에 몸소 밭을 갈고, 다니면서 품팔이를 한 사람도 있었으며, 쌀가마니를 진자도 있었으니, 몸소 밭 갈고, 다니며 품팔이하며 쌀가마니를 질 때 애씀의 고통이 심하였으니, 어느 사이에 글 읽기를 할 수 있었겠는가? 오로지 자기 부모를 위해 수고로움을 스스로 맡아서 이미 자식의 본분을 닦고, 남은 힘으로 글을 배웠는데도, 또한 훌륭한 덕으로 나아갈 수 있었다.

【10-03】 근사록

今日之爲士者는 不見爲親任勞를 如古人者하고 只是科業一事 是親情之所欲이라하여 今旣不免做功하니 則科業이 雖與理學不同이나 亦是坐而讀書作文이라 其便於躬耕, 行傭, 負米 不翅百倍라 況有餘力하여 可讀性理之書哉아.

금일지위사자는 **불견위친임노**를 **여고인자**하고 **지시과업일사 시친정지소욕**이라하여 **금기불면주공**하니 **즉과업**이 **수여이학부동**이나 **역시좌이독서작문**이라 **기편어궁경, 행용, 부미 불시백배**라 **황유여력**하여 **가독성리지서재**아.

(그런데) 오늘날 배움에 있는 선비들은 부모를 위하여 수고로움을 맡아 하기를 옛날 사람들처럼 하는 사람을 볼 수 없고, 다만 이 과거 공부 하나의 일이 곧 부모님의 뜻이며, 바라는 것이라 하여 이제 이미 과거 공부를 하는 것에서 벗어나지 못하게 되었다.

그렇다면 과거 공부가 비록 성리학과는 같지 않으나 이 또한 앉아서 책을 읽고, 글을 짓는 것이어서 그것이 몸소 밭 갈고, 다니며 품팔이하고,

쌀가마니를 지는 것보다는 백배 이상 편할 뿐만이 아닌데도 하물며 남는 힘이 있어 성리학에 관한 책을 읽을 수도 있지 않은가?

> 只是做科業者는 例爲得失所動하여 心常躁競하여 反不若勞力之不害心術이라 故로 先賢曰 不患妨功이요 惟患奪志라하니 若能爲其事而不喪其守면 則科業理學이 可以竝行不悖矣리라.

> **지시주과업자**는 **예위득실소동**하여 **심상조경**하여 **반불약노력지불해심술**이라 **고**로 **선현왈 불환방공**이요 **유환탈지**라하니 **약능위기사이부상기수**면 **즉과업이학**이 **가이병행불패의**리라.

다만 이러하여 과거 공부를 하는 사람들은 으레 과거에 합격과 불합격에 흔들려서 마음이 항상 조급하게 다투어서 도리어 노력하는 것이 마음을 수양하는 공부를 해치지 않는 것만 못하다. 그러므로 옛날에 현명한 사람이 "(과거 공부가) 공부에 방해되는 것을 걱정하지 말고, 오직 (자신의) 뜻을 빼앗길까 걱정하라."라고 말하였으니, 만약 능히 과거 공부를 하면서도 자신이 지켜야 할 뜻을 잃지 않는다면, 과거 공부와 성리학 공부를 함께해도 서로 어긋남이 없을 것이다.

【10-04】

今人은 **名爲做擧業而實不著功**하고 **名爲做理學而實不下手**하여 **若責以科業**이면 **則曰 我志於理學**하여 **不能屑屑於此**라하고 **若責以理學**이면 **則曰 我爲科業所累**하여 **不能用功於實地**라하여 **如是兩占便宜**하여 **悠悠度日**이라가 **卒至於科業理學**이 **兩無所成**하니 **老大之後**에 **雖悔**인들 **何追**리오 **嗚呼**라 **可不戒哉**아.

금인은 **명위주거업이실부저공**하고 **명위주이학이실불하수**하여 **약책이과업**이면 **즉왈 아지어이학**하여 **불능설설어차**라하고 **약책이이학**이면 **즉왈 아위과업소루**하여 **불능용공어실지**라하여 **여시양점편의**하여 **유유도일**이라가 **졸지어과업이학**이 **양무소성**하니 **노대지후**에 **수회**인들 **하추**리오 **오호**라 **가불계재**아.

요즘 사람들은 말로는 과거 공부를 한다고 하면서 실제로는 공부를 하지 않고, 말로는 성리학 공부를 한다고 하나 실제로는 손을 대지도 않고 있다.

만약 과거 공부로써 꾸짖어 나무란다면 "나는 성리학에 뜻을 두고 있어서 이런 것에 (과거공부)에 연연해 하지 않는다."라고 말하고, 만약 성리학 공부로써 꾸짖어 나무란다면 "나는 과거 공부에 얽매여서 실지에 (성리학 공부) 힘을 쓸 수 없다." 라고 말한다. 이렇게 양쪽의 편리한 입장만을 가지고 하는 일 없이 세월만 보내다가 마침내는 과거 공부와 성리학 공부, 두 가지를 모두 이루지 못하게 되니, 늙은 뒤에 비록 깨달음을 얻은들 어찌 따라갈 수 있겠는가? 아! 살피지 않을 수 있겠는가?

【10-05】 맹자 만장 하 / 맹자 이루 상

人於未仕時엔 惟仕是急하고 旣仕後엔 又恐失之하나니 如是汨沒하여 喪其本心者 多矣라 豈不可懼哉아 位高者는 主於行道하니 道不可行이면 則可以退矣요 若家貧하여 未免祿仕면 則須辭内就外하고 辭尊居卑하여 以免飢寒而已라 雖曰祿仕나 亦當廉勤奉公하여 盡其職務요 不可曠官而餔啜也니라.

인어미임시엔 **유사시급**하고 **기사후**엔 **우공실지**하나니 **여시골몰**하여 **상기본심자 다의**라 **기불가구재**아 **위고자**는 **주어행도**하니 **도불가행**이면 **즉가이퇴의**요 **약가빈**하여 **미면녹임**면 **즉수사내취외**하고 **사존거비**하여 **이면기한이이**라 **수왈녹임**나 **역당염근봉공**하여 **진기직무**요 **불가광관이포철야**니라.

사람들이 아직 벼슬하지 않았을 때 오직 벼슬하는 것을 급하게 여기고, 이미 벼슬을 한 뒤에는 또한 벼슬을 잃을까 두려워하니, 이와같이 골몰하여 그 본래의 마음을 잃는 사람이 많으니 어찌 두려워할 만하지 않겠는가?

지위가 높은 사람은 도로써 다스리는 것을 중심으로 삼아야 하니, 도로써 다스림을 행할 수 없으면 물러나야 할 것이고, 만일 집이 가난하여 녹봉을 받기 위해 벼슬을 하지 않을 수 없다면 중앙의 직책을 사양하고 지방의 직책으로 나가며, 높은 지위를 사양하고 낮은 지위에 머물러서 굶주림과 추위를 모면해야 한다. 비록 녹봉을 받기 위해 벼슬을 하더라도 또한 마땅히 청렴하고 부지런히 공적인 업무를 받들어 행하여 자신이 맡은 임무를 다해야 하고 직무와 책임을 다하지 않고, 노는 관리가 되어 배부르게 먹기만 해서는 안될 것이다.

公。盡其職務。不可曠官而餔啜也。

不患妨功惟患奪志若能爲其事而不喪其守則科業理學可以幷行不悖矣今人名爲做舉業而實不著功名爲做理學而實不下手若責以科業則曰我志於理學不能屑屑於此若責以理學則曰我爲科業所累不能用功於實地如是兩占便宜悠悠度日卒至於科業理學兩無所成老大之後雖悔何追嗚呼可不戒哉

人於未仕時惟仕是急既仕後又恐失之如是汨沒喪其本心者多矣豈不可懼哉位高者主於行道道不可行則可以退矣若家貧未免祿仕則須辭內就外辭尊居卑以免飢寒而已雖曰祿仕亦當廉勤奉

做科業。亦當利其器俟其時。得失付之天命。不可貪躁熱中。以喪其志也。

人言科業爲累。不能學問。此亦推託之言。非出於誠心也。古人養親。有躬耕者。有行傭者。有負米者。夫躬耕行傭負米之時。勤苦甚矣。何暇讀書乎。惟其爲親任勞。旣修子職。而餘力學文。亦可進德。今日之爲士者。不見爲親任勞如古人者。只是科業一事。是親情之所欲。今旣不免做功。則科業雖與理學不同。亦是坐而讀書作文。其便於躬耕行傭負米。不翅百倍。況有餘力。可讀性理之書哉。只是做科業者。例爲得失所動。心常躁競。反不若勞力之不害心術。故先賢曰。

則一毫不可留於心曲。凡人欲利於己。必至侵害人物。故學者先絶利心。然後可以學仁矣。

居鄕之士。非公事禮見及不得已之故。則不可出入官府。邑宰雖至親。亦不可數數往見。况非親舊乎。若非義干請。則當一切勿爲也。

處世章第十

古之學者。未嘗求仕。學成則爲上者擧而用之。蓋仕者。爲人非爲己也。今世則不然。以科擧取人。雖有通天之學絶人之行。非科擧無由進於行道之位。故父敎其子。兄勉其弟。科擧之外。更無他術。士習之偸。職此之由。第今爲士者。多爲父母之望。門戶之計。不免益重矣。昔者或問止謗之道。文中子曰。莫如自修。請益。曰無辨。此言可爲學者之法。

凡侍先生長者。當質問義理難曉處。以明其學。侍鄉黨長老。當小心恭謹。不放言語。有問則敬對以實。與朋友處。當以道義講磨。只談文字義理而已。世俗鄙俚之說。及時政得失。守令賢否。他人過惡。一切不可掛口。與鄉人處。雖隨問應答。而終不可發鄙褻之言。雖莊栗自持。而切不可存矜高之色。惟當以善言誘掖。必欲引而向學。與幼者處。當諄諄言孝悌忠信。使發善心。若此不已。則鄉俗漸可變也。

常以溫恭慈愛惠人濟物爲心。若其侵人害物之事。

高下曲折。在隨時節中。亦不必拘於此例。但常以自卑尊人底意思。存諸胷中可也。詩曰。溫溫恭人。惟德之基。

人有毁謗我者。則必反而自省。若我實有可毁之行。則自責內訟。不憚改過。若我過甚微。而增衍附益。則彼言雖過。而我實有受謗之苗脈。亦當剗鋤前愆。不留毫末。若我本無過。而揑造虛言。則此不過妄人而已。與妄人何足計較虛實哉。且彼之虛謗。如風之過耳。雲之過空。於我何與哉。夫如是則毁謗之來。有則改之。無則加勉。莫非有益於我也。若聞過自辨。嘵嘵然不置。必欲置身於無過之地。則其過愈深。而取謗交也。

鄕人之善者。則必須親近通情。而鄕人之不善者。亦不可惡言揚其陋行。但待之泛然。不相往來。若前日相知者。則相見只敘寒暄。不交他語。則自當漸疎。亦不至於怨怒矣。

同聲相應。同氣相求。若我志於學問。則我必求學問之士。學問之士。亦必求我矣。彼名爲學問。而門庭多雜客。喧囂度日者。必其所樂。不在學問故也。

凡拜揖之禮。不可預定。大抵父之執友則當拜。洞內年長十五歲以上者當拜。爵階堂上而長於我十年以上者當拜。鄕人年長二十歲以上者當拜。而其間若私與他人。則不論多少。皆有罪譴。甚則至於犯贓。受者亦然。爲士而受守令之饋。則是乃犯禁也。古者。入國而問禁。則居其國者。豈可犯禁乎。守令之饋。大抵難受。若私與官庫之穀。則不論人之親疏。名之有無。物之多寡。皆不可受也。若分厚邑宰。以衙中私財周急。則或可受也。

接人章第九

凡接人。當務和敬。年長以倍則父事之。十年以長則兄事之。五年以長。亦稍加敬。最不可恃學自高尙氣陵人也。

擇友必取好學好善方嚴直諒之人。與之同處。虛受規戒。以攻吾闕。若其怠惰好嬉柔佞不直者。則不可義則焉用學問爲哉。凡辭受取與之際。必精思義與非義。義則取之。不義則不取。不可毫髮放過。若朋友則有通財之義。所遺皆當受。但我非乏。而遺以米布則不可受也。其他相識者。則只受其有名之饋。而無名則不可受也。所謂有名者。賻喪贐行助昏禮周飢乏之類是也。若是大段惡人。心所鄙惡者。則其饋雖有名。受之心必不安。心不安則不可抑而受之也。孟子曰。無爲其所不爲。無欲其所不欲。此是行義之法也。

中朝則列邑之宰有私俸。故推其餘可以周人之急矣。我國則守令別無私俸。只以公穀應日用之需。而禁制。

君子憂道不當憂貧但家貧無以養生則雖當思救窮之策亦只可免飢寒而已不可存居積豐足之念且不可以世間鄙事留滯于心胷之間古之隱者有織屨而食者樵漁而活者植杖而耘者此等人富貴不能動其心故能安於此若有較利害計豐約之念則豈不爲心術之害哉學者要須以輕富貴守貧賤爲心。

居家貧寠則必爲貧寠所困失其所守者多矣學者正當於此處用功古人曰窮視其所不爲貧視其所不取孔子曰小人窮斯濫矣若動於貧寠而不能行

義則焉用學問爲哉。凡辭受取與之際。必精思義與非義。義則取之。不義則不取。不可毫髮放過。若朋友則有通財之義。所遺皆當受。但我非乏。而遺以米布則不可受也。其他相識者。則只受其有名之饋。而無名則不可受也。所謂有名者。賻喪贐行助昏禮周飢乏之類是也。若是大段惡人。心所鄙惡者。則其饋雖有名。受之心必不安。心不安則不可抑而受之也。孟子曰。無爲其所不爲。無欲其所不欲。此是行義之法也。

中朝則列邑之宰有私俸。故推其餘。可以周人之急矣。我國則守令別無私俸。只以公穀。應日用之需。而上多縱情慾失其威儀故夫婦不相昵狎而能相敬者甚少如是而欲修身正家不亦難乎必須夫和而制以義妻順而承以正夫婦之間不失禮敬然後家事可治也若從前相狎而一朝遽欲相敬其勢難行須是與妻相戒必去前習漸入於禮可也妻若見我發言持身一出於正則必漸相信而順從矣

生子自稍有知識時當導之以善若幼而不教至於既長則習非放心教之甚難教之之序當依小學大抵一家之內禮法興行簡編筆墨之外無他雜技則子弟亦無外馳畔學之患矣兄弟之子猶我子也其愛之其教之當均一不可有輕重厚薄也

莫不均一。裁省冗費。禁止奢華。常須稍存贏餘。以備不虞。

冠婚之制。當依家禮。不可苟且從俗。

兄弟。同受父母遺體。與我如一身。視之當無彼我之間。飮食衣服有無。皆當共之。設使兄飢而弟飽。弟寒而兄溫。則是一身之中。肢體或病或健也。身心豈得偏安乎。今人兄弟不相愛者。皆緣不愛父母故也。若有愛父母之心。則豈可不愛父母之子乎。兄弟若有不善之行。則當積誠忠諫。漸喩以理。期於感悟。不可遽加厲色拂言。以失其和也。

今之學者。外雖矜持。而內鮮篤實。夫婦之間。衽席之

若非喪盡其禮祭盡其誠則終天之痛無事可寓無時可洩也於人子之情當如何哉曾子曰愼終追遠民德歸厚矣爲人子者所當深念也

今俗多不識禮其行祭之儀家家不同甚可笑也若不一裁之以禮則終不免紊亂無序歸於夷虜之風矣茲鈔祭禮附錄于後且爲之圖須詳審倣行而若父兄不欲則當委曲陳達期於歸正

居家章第八

凡居家當謹守禮法以率妻子及家衆分之以職授之以事而責其成功制財用之節量入而爲出稱家之有無以給上下之衣食及吉凶之費皆有品節而

不茹葷。飮酒不得至亂。凡凶穢之事。皆不得預。(若路中猝遇凶穢。則掩目而避。不可視也。)所謂致齊者。不聽樂。不出入。專心想
念所祭之人。思其居處。思其笑語。思其所樂。思其所
嗜之謂也。夫然後當祭之時。如見其形。如聞其聲。誠
至而神享也。

凡祭。主於盡愛敬之誠而已。貧則稱家之有無。疾則
量筋力而行之。財力可及者。自當如儀。

墓祭忌祭。世俗輪行。非禮也。墓祭則雖輪行。皆祭于
墓上。猶之可也。忌祭不祭于神主。而乃祭于紙榜。此
甚未安。雖不免輪行。須具祭饌。行于家廟。庶乎可矣。

喪祭二禮。最是人子致誠處也。已沒之親。不可追養。

弔人。常以治喪講禮爲事。

祭禮章第七

祭祀。當依家禮。必立祠堂。以奉先主。置祭田。具祭器。宗子主之。

主祠堂者。每晨。謁于大門之內。再拜。（雖非主人。隨主人同謁無妨。）出入必告。

或有水火盜賊。則先救祠堂。遷神主遺書。次及祭器。然後及家財。

正（正朝）至（冬至）朔（一日）望（十五日）則參。俗節則薦以時食。

時祭則散齊四日。致齊三日。忌祭則散齊二日。致齊一日。參禮則齊宿一日。所謂散齊者。不弔喪。不問疾。

則未成服前三日中朝夕爲位會哭齊衰降大功者亦同

師友之義重者及親戚之無服而情厚者與凡相知之分密者皆於聞喪之日若道遠不能往臨其喪則設位而哭師則隨其情義深淺或心喪三年或期年或九月或五月或三月友則雖最重不過三月若師喪欲行三年期年者不能奔喪則當朝夕設位而哭四日而止止於四日之朝○若情重者則不止此限

凡遭服者每月朔日設位服其服而會哭師友雖無服亦同月數既滿則於次月朔日設位服其服會哭而除之其間哀至則哭可也

凡大功以上喪則未葬前非有故不可出入亦不可

曾子曰。人未有自致者也。必也親喪乎。送死者。事親之大節也。於此不用其誠。惡乎用其誠。昔者少連大連善居喪。三日不怠。三月不懈。期悲哀。三年憂。此是居喪之則也。孝誠之至者。則不勉而能矣。如有不及者。則勉而從之可也。

人之居喪。誠孝不至。不能從禮者。固不足道矣。閒有質美而未學者。徒知執禮之爲孝。而不知傷生之失正。過於哀毁。羸疾已作。而不忍從權。以至滅性者。或有之。深可惜也。是故。毁瘠傷生。君子謂之不孝。

凡有服親戚之喪。若他處聞訃。則設位而哭。若奔喪。則至家而成服。若不奔喪。則四日成服。若齊衰之服。

欺親也。切宜戒之。

今之識禮之家。多於葬後返魂。此固正禮。但時人效嚬。遂廢廬墓之俗。返魂之後。各還其家。與妻子同處。禮坊大壞。甚可寒心。凡喪親者。自度一一從禮。無毫分虧欠。則當依禮返魂。如或未然。則當依舊俗廬墓可也。

親喪成服之前。哭泣不絕於口。氣盡則令婢僕代哭。葬前哭無定時。哀至則哭。卒哭後則朝夕哭二時而已。禮文大槩如此。若孝子情至。則哭泣豈有定數哉。凡喪與其哀不足而禮有餘也。不若禮不足而哀有餘也。喪事不過盡其哀敬而已。

引時。男女之位。復南上。以靈柩所在爲上也。隨時變位。而各有禮意。

今人多不解禮。每弔客致慰。尊不起動。只俯伏而已。此非禮也。弔客拜靈座而出。則喪者當出自喪次。向弔客再拜而哭可也。(弔客當答拜)

衰絰。非疾病服役。則不可脫也。

家禮。父母之喪。成服之日。始食粥。卒哭之日。始疏食(糲飯也)水飲。(不食羹也)不食菜果。小祥之後。始食菜果。(羹亦可食)禮文如此。非有疾病。則當從禮文。人或有過禮而啜粥三年者。若是誠孝出人。無一毫勉強之意。則雖過禮。猶或可也。若誠孝未至。而勉強踰禮。則是自欺而

生長者識禮處必盡其禮可也。復時俗例必呼小字非禮也少者則猶可呼名長者則不可呼名隨生時所稱可也（婦女尤不宜呼名）

母喪父在則父爲喪主凡祝辭皆當用夫告妻之例也

父母初沒妻妾婦及女子皆被髮男子則被髮扱上衽徒跣（小斂後男子則袒括髮婦人則髽）若子爲他人後者及女子已嫁者皆不被髮徒跣（男子則免冠）

尸在牀而未殯男女位于尸傍則其位南上以尸頭所在爲上也既殯之後女子則依前位于堂上南上男子則位于階下其位當北上以殯所在爲上也發

違。若其害理者。則和氣怡色柔聲以諫。反覆開陳。必期於聽從。

父母有疾。心憂色沮。捨置他事。只以問醫劑藥爲務。疾止。復初。

日用之間。一毫之頃。不忘父母。然後乃名爲孝。彼持身不謹。出言無章。嬉戲度日者。皆是忘父母者也。日月如流。事親不可久也。故爲子者須盡誠竭力。如恐不及可也。古人詩曰。古人一日養。不以三公換。所謂愛日者如此。

喪制章第六

喪制當一依朱文公家禮。若有疑晦處。則質問于先今人多是被養於父母。不能以己力養其父母。若此奄過日月。則終無忠養之時也。必須躬幹家事。自備甘旨。然後子職乃修。若父母堅不聽從。則雖不能幹家。亦當周旋補助。而盡力得甘旨之具。以適親口可也。若心心念念。在於養親。則珍味亦必可得矣。每念王延隆冬盛寒。體無全衣。而親極滋味。令人感歎流涕也。

人家父子間。多是愛逾於敬。必須痛洗舊習。極其尊敬。父母所坐臥處。子不敢坐臥。所接客處。子不敢接私客。上下馬處。子不敢上下馬可也。

父母之志。若非害於義理。則當先意承順。毫忽不可吸氣脈相通。此身非我私物。乃父母之遺氣也。故曰。哀哀父母生我劬勞。父母之恩爲如何哉。豈敢自有其身。以不盡孝於父母乎。人能恒存此心。則自有向親之誠矣。

凡事父母者。一事一行。毋敢自專。必稟命而後行。若事之可爲者。父母不許。則必委曲陳達。頷可而後行。若終不許。則亦不可直遂其情也。

每日未明而起。盥櫛衣帶。就父母寢所。下氣怡聲。問燠寒安否。昏則詣寢所。定其褥席。察其溫涼。日間侍奉。常愉色婉容。應對恭敬。左右就養。極盡其誠。出入必拜辭拜謁。

先正所著之書。如近思錄家禮心經二程全書朱子大全語類及他性理之說。宜間間精讀。使義理常常浸灌吾心。無時間斷。而餘力亦讀史書。通古今。達事變。以長識見。若異端雜類不正之書。則不可頃刻披閱也。

凡讀書。必熟讀一冊。盡曉義趣。貫通無疑。然後乃改讀他書。不可貪多務得。忙迫涉獵也。

事親章第五

凡人莫不知親之當孝。而孝者甚鮮。由不深知父母之恩故也。詩不云乎。父兮生我。母兮鞠我。欲報之德。昊天罔極。人子之受生。性命血肉。皆親所遺。喘息呼次讀詩經。於性情之邪正善惡之褒戒。一一潛繹感發而懲創之。

次讀禮經。於天理之節文儀則之度數。一一講究而有立焉。

次讀書經。於二帝三王治天下之大經大法。一一領要而溯本焉。

次讀易經。於吉凶存亡進退消長之幾。一一觀玩而窮研焉。

次讀春秋。於聖人賞善罰惡抑揚操縱之微辭奧義。一一精研而契悟焉。

五書五經。循環熟讀。理會不已。使義理日明。而宋之口讀而心不體身不行則書自書我自我何益之有。

先讀小學於事親敬兄忠君弟長隆師親友之道一一詳玩而力行之。

次讀大學及或問於窮理正心修己治人之道一一眞知而實踐之。

次讀論語於求仁爲己涵養本原之功一一精思而深體之。

次讀孟子於明辨義利遏人慾存天理之說一一明察而擴充之

次讀中庸於性情之德推致之功位育之妙一一玩索而有得焉。

思無邪。毋不敬。只此二句。一生受用不盡。當揭諸壁上。須臾不可忘也。

每日頻自點撿。心不存乎。學不進乎。行不力乎。有則改之。無則加勉。孜孜毋怠。斃而後已。

讀書章第四

學者常存此心。不被事物所勝。而必須窮理明善。然後當行之道。曉然在前。可以進步。故入道莫先於窮理。窮理莫先乎讀書。以聖賢用心之迹。及善惡之可效可戒者。皆在於書故也。

凡讀書者。必端拱危坐。敬對方冊。專心致志。精思涵泳。涵泳者。熟讀深思之謂。深解義趣。而每句必求踐履之方。若傷乎氣。言笑當簡重。不可喧譁以過其節。動止當安詳。不可粗率以失其儀。

有事則以理應事。讀書則以誠窮理。除二者外。靜坐收斂此心。使寂寂無紛起之念。惺惺無昏昧之失可也。所謂敬以直內者如此。

當正身心。表裏如一。處幽如顯。處獨如衆。使此心如青天白日。人得而見之。

常以行一不義。殺一不辜而得天下。不爲底意思存諸胸中。

居敬以立其本。窮理以明乎善。力行以踐其實。三者終身事業也。

在於義理。而無己可克矣。

多言多慮。最害心術。無事則當靜坐存心。接人則當擇言簡重。時然後言。則言不得不簡。言簡者近道。

非先王之法服。不敢服。非先王之法言。不敢道。非先王之德行。不敢行。此當終身服膺者也。

爲學者一味向道。不可爲外物所勝。外物之不正者。當一切不留於心。鄕人會處。若設博奕樗蒲等戲。則當不寓目。逡巡引退。若遇倡妓作歌舞。則必須避去。如値鄕中大會。或尊長强留。不能避退。則雖在座。而整容淸心。不可使奸聲亂色有干於我。當宴飮酒。不可沈醉。浹洽而止可也。凡飮食當適中。不可快意有之要也。禮與非禮。初學難辨。必須窮理而明之。但於已知處力行之。則思過半矣。

爲學在於日用行事之間。若於平居。居處恭。執事敬。與人忠。則是名爲學。讀書者。欲明此理而已。衣服不可華侈。禦寒而已。飮食不可甘美。救飢而已。居處不可安泰。不病而已。惟是學問之功。心術之正。威儀之則。則日勉勉而不可自足也。

克己工夫最切於日用。所謂己者。吾心所好。不合天理之謂也。必須撿察吾心。好色乎。好利乎。好名譽乎。好仕宦乎。好安逸乎。好宴樂乎。好珍玩乎。凡百所好。若不合理。則一切痛斷。不留苗脈。然後吾心所好始九容者。足容重。（不輕擧也。若趨于尊長之前。則不可拘此。）手容恭。（手無慢弛。無事則當端拱。不妄動。）目容端。（定其眼睫。視瞻當正。不可流眄邪睇。）口容止。（非言語飲食之時。則口常不動。）聲容靜。（當整攝形氣。不可出噦咳等雜聲。）頭容直。（當正頭直身。不可傾回偏倚。）氣容肅。（當調和鼻息。不可使有聲氣。）立容德。（中立不倚。儼然有德之氣像。）色容莊。（顏色整齊。無怠慢之氣。）所謂九思者。視思明。（視無所蔽。則明無不見。）聽思聰。（聽無所壅。則聰無不聞。）色思溫。（容色和舒。無忿厲之氣。）貌思恭。（一身儀形。無不端莊。）言思忠。（一言之發。無不忠信。）事思敬。（一事之作。無不敬愼。）疑思問。（有疑于心。必就先覺審問。不知。不措。）忿思難。（有忿必懲。以理自勝。）見得思義。（臨財必明義利之辨。合義然後取之。）常以九容九思存於心而撿其身。不可頃刻放捨。且書諸座隅。時時寓目。

非禮勿視。非禮勿聽。非禮勿言。非禮勿動。四者。修身功使此心無一點舊染之汚然後可以論進學之工夫矣。

持身章第三

學者必誠心向道不以世俗雜事亂其志然後爲學有基址故夫子曰主忠信朱子釋之曰人不忠信事皆無實爲惡則易爲善則難故必以是爲主焉必以忠信爲主而勇下工夫然後能有所成就黃勉齋所謂眞實心地刻苦工夫兩言盡之矣

常須夙興夜寐衣冠必正容色必肅拱手危坐行步安詳言語愼重一動一靜不可輕忽苟且放過

收斂身心莫切於九容進學益智莫切於九思所謂

其一。惰其心志。放其儀形。只思暇逸。深厭拘束。其二。常思動作。不能守靜。紛紜出入。打話度日。其三。喜同惡異。汩於流俗。稍欲修飭。恐乖於衆。其四。好以文辭。取譽於時。剽竊經傳。以飾浮藻。其五。工於筆札。業於琴酒。優游卒歲。自謂清致。其六。好聚閒人。圍碁局戲。飽食終日。只資爭競。其七。歆羨富貴。厭薄貧賤。惡衣惡食。深以爲恥。其八。嗜慾無節。不能斷制。貨利聲色。其味如蔗。習之害心者。大槩如斯。其餘難以悉擧。此習使人志不堅固。行不篤實。今日所爲。明日難改。朝悔其行。暮已復然。必須大奮勇猛之志。如將一刀快斷根株。淨洗心地。無毫髮餘脈。而時時每加猛省之以虧損天所賦之本性乎。人存此志。堅固不退。則庶幾乎道矣。

凡人自謂立志。而不卽用功。遲回等待者。名爲立志。而實無向學之誠故也。苟使吾志誠在於學。則爲仁由己。欲之則至。何求於人。何待於後哉。所貴乎立志者。卽下工夫。猶恐不及。念念不退故也。如或志不誠篤。因循度日。則窮年沒世。豈有所成就哉。

革舊習章第二

人雖有志於學。而不能勇往直前。以有所成就者。舊習有以沮敗之也。舊習之目。條列如左。若非勵志痛絕。則終無爲學之地矣。

聖人自期乎。故孟子道性善。而必稱堯舜以實之曰。人皆可以爲堯舜。豈欺我哉。

當常自奮發曰。人性本善。無古今智愚之殊。聖人何故獨爲聖人。我則何故獨爲衆人耶。良由志不立。知不明。行不篤耳。志之立。知之明。行之篤。皆在我耳。豈可他求哉。顔淵曰。舜何人也。予何人也。有爲者亦若是。我亦當以顔之希舜爲法。

人之容貌。不可變醜爲妍。膂力不可變弱爲強。身體不可變短爲長。此則已定之分。不可改也。惟有心志則可以變愚爲智。變不肖爲賢。此則心之虛靈。不拘於稟受故也。莫美於智。莫貴於賢。何苦而不爲賢智。

居海山之陽有一二學徒相從問學余慙無以爲師
而且恐初學不知向方且無堅固之志而泛泛請益
則彼此無補反貽人譏故略書一冊子粗敘立心飭
躬奉親接物之方名曰擊蒙要訣欲使學徒觀此洗
心立脚當日下功而余亦久患因循欲以自警省焉

丁丒季冬德水李珥書

立志章第一

初學先須立志必以聖人自期不可有一毫自小退
託之念蓋衆人與聖人其本性則一也雖氣質不能
無淸濁粹駁之異而苟能眞知實踐去其舊染而復
其性初則不增毫末而萬善具足矣衆人豈可不以

栗谷先生全書卷之二十七

擊蒙要訣

序

人生斯世。非學問。無以爲人。所謂學問者。亦非異常別件物事也。只是爲父當慈。爲子當孝。爲臣當忠。爲夫婦當別。爲兄弟當友。爲少者當敬長。爲朋友當有信。皆於日用動靜之間。隨事各得其當而已。非馳心玄妙。希覬奇效者也。但不學之人。心地茅塞。識見茫昧。故必須讀書窮理。以明當行之路。然後造詣得正。而踐履得中矣。今人不知學問在於日用。而妄意高遠難行。故推與別人。自安暴棄。豈不可哀也哉。余定

격몽요결 고서 사본

擊蒙要訣 古書 寫本